読書とコミュニケーション
ビブリオバトル実践集

小学校・中学校・高校

須藤秀紹・粕谷亮美●編

子どもの未来社

はじめに

　2007年にビブリオバトルというコミュニケーションゲームが生みだされてから、およそ10年という月日が経ちました。考案者の谷口忠大氏を中心として、2010年にビブリオバトル普及委員会が活動を開始し、ビブリオバトルへの注目が集まるにつれて、図書館・学校教育・地域コミュニティなど、さまざまな方面での導入が進んでいます。2012年の「Library of the Year 2012」で大賞を受賞し、2013年には文部科学省「第三次子どもの読書活動の推進に関する基本的な計画」のなかでも取り上げられるなど、ビブリオバトルへの社会的な評価も高まってきています。

　ビブリオバトルは公式ルールを守りさえすれば、誰でも開催することができます。4項目から構成される公式ルールはとてもシンプルであり、実践する上での自由度も高いゲームになっています。全国各地でさまざまな開催アイディアが企画・実践されたことで、本を通じた多くの出会いが生まれ、楽しいコミュニティが年を追うごとに増えてきました。全国各地の普及状態を見ても、ビブリオバトルをこれまで以上に楽しむための可能性は、まだ多くの余地が残されているように思います。

　一方、とくに学校教育の現場の声を聴くなかで、実際にビブリオバトルを導入しようとする際に、どのような準備をすればいいのかがわからず、ゲームの進め方の判断に迷われているという相談を多く受けるようになりました。本書の内容は、そういった多くの疑問解決のヒントになるものです。タイトルに「実践集」とつけていることからもわかるように、実際にビブリオバトルを学校教育へと導入してきた方々による、これまでの試行錯誤の過程が記されています。「どうすればビブリオバトルを上手に導入できるのか」を考えるためには、先駆者が試してきた有効なツールの活用方法や、事前準備の際に注意することなど、成功事例のポイントや、失敗事例の原因を知ることが重要です。

本書には、「自分たちの学校にふさわしいビブリオバトルの導入方法」を考える上でのさまざまなアイディアが記されています。しかし、それらはあくまで導入のためのヒントでしかありません。それぞれの学校規模は違いますし、実践するにあたっての諸条件も異なります。開催主体や開催場所についても、さまざまな事例を見ることができます。学校教育のなかでビブリオバトルを導入する場合は、本書の内容をそのまま真似するだけというわけにはいかず、実施するにあたっての事前準備や児童・生徒への配慮など、それぞれにアレンジしなければならない部分も出てくるはずです。それぞれの学校での最適解を探ることはできるとしても、正解を示すことはできません。ビブリオバトルを楽しむ魅力的な「場」を実際につくるには、皆さま自身のアイディアにお任せしなければなりません。本書を参考にしながら、それぞれの立場で「学校教育におけるビブリオバトル」についての試行錯誤をしていただければと思います。

　現時点ではまだ誰も思い描くことができていない、画期的なビブリオバトルの導入事例が、本書をきっかけとして誕生し、再び世の中に広まっていく未来を願っております。

ビブリオバトル普及委員会
代表　岡野裕行

CONTENTS

はじめに（岡野裕行）…2

第1章 学校でビブリオバトルを行うために（須藤秀紹）
学校でビブリオバトル…………6　公式ルールの確認………7　活動の形態………11
どう評価するか？……………13　ビブリオバトル成果物は？……………14

第2章 小学校での実践
１年生の実践　絵本でビブリオバトル（長野加奈恵）………………16
３年生の実践　ビブリオバトルの可能性～直感から確信へ（大久保洋子）………………25
６年生の実践　本と出会い、本とともに歩む子どもを目指して（麻生崇子）…………34
提案　理科教育のためのビブリオバトル（須藤秀紹）…………40
図書館での実践　子ども司書のビブリオバトル体験（飯島玲生）…………48

第3章 中学校での実践
ビブリオバトルで開かれた読書活動へ（佐伯郁代／金子智里）…………56
自由度100％　ビブリオバトル～伝えるって楽しい！（中村誠子）…………65
特別支援学級でビブリオバトル（中村誠子）…………73
全教員と全校生徒によるビブリオバトル（森美智子）…………77
モチベーションをアップするビブリオバトル～受験期の生徒と（花田麗）…………82
英語でビブリオバトルに挑戦（前田由紀）…………91
提案　ビブリオバトルで「考える道徳」を（工藤朝博）…………95

第4章 高校での実践
クラス開きでビブリオバトル（木下通子）…………100
ビブリオバトルのイベントを企画しよう！（渡辺祥介）…………106
情報科の実習にビブリオバトルを（小野永貴）…………111
卒論でビブリオバトルに取り組む（片桐陽）…………121
教員志望の大学生にも大人気！（高見京子）…………125
コラム　ソロモン諸島でビブリオバトル！（益井博史）…………128

第5章 座談会「ビブリオバトルを学校で」…………129

おわりに（須藤秀紹）…143

第1章
学校でビブリオバトルを行うために

学校でビブリオバトル

　小・中学校でビブリオバトル講座を開催させていただく機会が増えてきました。準備段階では授業としての講座開催に不安を持っていた先生方も、生徒たちの生き生きとした発表や楽しそうなディスカッションを目にし、最後には口をそろえて「これはいいね」と言ってくれます。事後の児童・生徒たちの感想からも、満足度の高さがうかがえ、学校現場へのビブリオバトル導入の有効性に自信を深めています。

　もともとビブリオバトルは、大学生が「読むべき本を自分たちで選ぶ」ための仕組みとして誕生しました。その生い立ちをみても、能動的な学びの姿勢（アクティブ・ラーニング）を引き出すのための仕掛けとして適していることがわかっていただけると思います。すでに多くの先生方がそのことに気づき、授業や課外活動に取り入れ始めています。全国各地から届けられる魅力的な実施報告からも、教育現場への普及に手応えを感じています。

　その一方で、ビブリオバトルを導入した学校の児童・生徒たちから、ビブリオバトル普及委員会に不満の声が寄せられることもあります。理由は明白で、不満の声が上がる事例は「教員が課題図書を決める」「発表のための下書き原稿を書かせる」「さらに添削する」「その原稿に従った発表の練習をさせる」「先生が優秀者を決める」「あるいはチャンプ本を決めない」などなど、ビブリオバトルと称して「ビブリオバトルらしきもの」が行われているケースがほとんどなのです。

　ビブリオバトルはそのルールがシンプルであるがゆえに運用の自由度が高く、そのため「まずいケース」に陥ってしまうことが多々あります。またその自由度の高さが、実際にやってみることを尻込みさせる原因の一つになっているともいえます。でも実際には、難しく考えすぎずに、公式ルールに則って実践するのが一番簡単、かつ効果的な方法なのです。

公式ルールの確認

　そこで、学校現場におけるビブリオバトルについて考える前に、まずは公式ルールを確認してみましょう。公式ルールは、「ビブリオバトル」という商標を管理しているビブリオバトル普及委員会の公式サイト＊でいつでも見ることができます。

> ① 発表参加者が読んで面白いと思った本を持って集まる。
> ② 順番に一人５分間で本を紹介する。
> ③ それぞれの発表の後に参加者全員でその発表に関するディスカッションを２〜３分行う。
> ④ 全ての発表が終了した後に「どの本が一番読みたくなったか？」を基準とした投票を参加者全員一票で行い、最多票を集めたものを『チャンプ本』とする。

＊ビブリオバトル公式ウェブサイト　http://www.bibliobattle.jp/

　たった４項目からなるシンプルなルールです。これは、誰でも手軽に遊べるようにするために、あえてシンプルさにこだわった結果ともいえます。クラスのみんなで楽しむことを考えると、複雑なルールのゲームの導入は、少し気が重くなってしまいます。その点、ビブリオバトルは安心して採用することができます。

　また公式ルールには、上の１〜４の各項目それぞれにいくつかの補足がつけ加えられています。これらは、ビブリオバトルのよさを十分に発揮するためのガイドラインとして用意されていて、ルールを定めるにあたっての理念がよく反映されています。

　それでは、補足と合わせて一つずつみていきましょう。

1　発表参加者が読んで面白いと思った本を持って集まる。
　a　他人が推薦したものでもかまわないが、必ず発表者自身が選ぶこと。
　b　それぞれの開催でテーマを設定することは問題ない。

　ここで強調されていることは、「まず読む」そして「発表する本を自分で選ぶ」ということです。これはビブリオバトルが、課題図書が与えられてそれについての感想を述べるという学習活動とは、まったく異なる目的のもとに設計されていることによるものです。ビブリオバトルは、感想をまとめる力ではなく、自分の好きなものについて自分自身の言葉で伝えあうというコミュニケーション力を第一に要求しています。そのためには、やはり自分で紹介する本は自分自身で選ぶ必要があり、また選んだ本は他者から否定されるべきではありません。

なかには、子どもたちにまったく自由に選ばせることに不安を感じる先生方もいらっしゃるかもしれません。そんなときは、ビブリオバトルを導入するシチュエーションに応じたテーマを設定し、そのテーマの中から紹介する本を選ぶように指示するとよいでしょう。テーマの設定方法については、第2章（「理科教育のためのビブリオバトル」（p.40～）でも少し触れたいと思います。

2　順番に一人5分間で本を紹介する。
　a　5分が過ぎた時点でタイムアップとし発表を終了する。
　b　原則レジュメやプレゼン資料の配布等はせず、できるだけライブ感をもって発表する。
　c　発表者は必ず5分間を使い切る。

　この項目は、ビブリオバトルを編成された遊び（＝ゲーム）として成立させるための重要なポイントになっています。これを無視して、5分よりも大幅に短く紹介が終わってしまう、あるいは大幅にオーバーしてしまうのを許すことは、ゲームとしての構造をとりはらってしまうということです。これでは、ゲームが持つ緊張感や高揚感を台無しにしてしまいます。
　子どもによっては5分間という時間を持て余し、途中でしどろもどろになってしまう場合があるかもしれません。そのような状況を想定して、司会者を担当する教員は「いつ読んだの？」とか「どの登場人物が好き？」といった、簡単に答えられて、かつ展開性のある質問をいくつか用意しておいてください。そして、必要に応じてこのような質問を投げかけることで、子どもたちの言葉を引き出しましょう。教員の助け船を得て5分間を乗り切ることができれば、それが成功体験となって、次回はもう少しだけ自信をもって臨めるようになると思います。ビブリオバトルの導入が順調に進めば、司会も子どもたち自身が担当するという学習形態になるかもしれません。その場合には、事前に想定質問を挙げてみるという学習活動も考えられます。
　では、子どもの話がうまくまとまらず、途中で5分が経過してしまった場合はどうすればいいでしょうか。まず、あと少しで話がまとまりそうだと思ったら、話し終えるのを少しだけ待ってください。状況にもよりますが、1フレーズ、長くても10秒ぐらいでしょうか。それでも話し終わりそうにないときは、発表時間を終了してディスカッションの時間に移ってください。このとき、まず司会が「さっき話しかけていたこと、よかったら教えてくれる？」という質問をすることで、言いかけたことを最後まで話させるという配慮の仕方も考えられます。
　一方、後で述べる「イベント型」の大会では、5分間きっちりで話を打ち切るという厳密さが必要になる場合があります。状況に応じた柔軟な対応をお願いします。
　また、ライブ感をもって発表するという補足も重要です。スピーチコンテストにおける語りとビブリオバトルにおけるそれとの大きな違いは、コミュニケーションの双方向性の強さです。ビブリオバトルでは、話し手はより聞き手が自分の話に興味を持ってくれているかどうかを意識して話し、聞き手はより相手を理解しようという態度で耳を傾けます。だからこそ、目の前にあるコミュニケーションの場を大切にすることが重要なのです。

ただ、あまりにライブ感が強く出すぎると、発表の途中で聞き手が話をはさみ、雑談のようになってしまうことがあります。とくにクラスの友だち同士で行う場合は、その危険性が高いといえます。ビブリオバトルのルールには「一人5分間で本を紹介する」とあります。これは、全ての発表者に対して公平に、他者にじゃまされることなく5分間話す権利が与えられていることを意味しています。もし発表の途中で話をはさむ子どもがいたら、「今は彼（彼女）が主役の時間だから、ちゃんと聞こう」と伝えて、ディスカッションの時間までがまんしてもらいます。

3　それぞれの発表の後に参加者全員でその発表に関するディスカッションを2～3分行う。
　a　発表内容の揚げ足をとったり、批判をするようなことはせず、発表内容でわからなかった点の追加説明や、「どの本を一番読みたくなったか？」の判断を後でするための材料をきく。
　b　全参加者がその場が楽しい場となるように配慮する。
　c　質問応答が途中の場合などに関しては、ディスカッションの時間を多少延長してもかまわないが、当初の制限時間を大幅に超えないように運営すること。

　ビブリオバトルではディスカッションの時間も大切な要素です。ここで発言の機会が用意されているから、聴衆はもっと知りたいことがないかを考えながら、発表者の話に積極的・能動的に耳を傾けるのです。だからこそ、ディスカッションの時間も楽しいものにしなければなりません。いじわるな質問や、仮に質問者にその意図がなくても発表者が答えづらいような質問は、司会がうまくさえぎってください。「それはきっと○○ということだよね」というように、教員が代弁する方法もあります。

　またディスカッションの時間に教員が、評価的なコメントをすることは避けたほうがよいでしょう。子どもたちは先生の言葉に敏感に影響されます。教員の一言でチャンプ本が決まってしまうのだとすれば、発表者は「その場にいるみんな」ではなく、「先生」だけを意識して話すようになるでしょう。よい発表をほめたい気持ちは十分に理解できますが、投票のプロセスが終わるまではグッとがまんしてください。

4　全ての発表が終了した後に「どの本が一番読みたくなったか？」を基準とした投票を参加者全員一票で行い、最多票を集めたものを『チャンプ本』とする。
　　a　「紳士協定」として、自分の紹介した本には投票せず、紹介者も他の発表者の本に投票する。
　　b　チャンプ本は参加者全員の投票で民主的に決定され、教員や司会者、審査員といった少数権力者により決定されてはならない。

　よく聞かれる質問に「発表者も投票していいの？」というものがあります。次節で説明しますが、ビブリオバトルの基本は「コミュニティ型」であり、ここでは基本的に全ての参加者が発表者になります。ですから、必然的に発表者も一票を投じることになります。当然、他の形態でも、発表者も投票権を持ちます。

　補足にある「紳士協定」は、ビブリオバトルをゲームとして成り立たせることに加えて、双方向コミュニケーションの構造を成立させるためにも重要です。参加者はそれぞれ自分が好きな本を持ってきているわけですから、他の人の話を聞く以前には多かれ少なかれ「自分の本が一番」と考えているはずです。この態度のままゲームに臨めば、他者の話に真剣に耳を傾けることができないかもしれません。ここで、自分の持ってきた本を除いた一冊に投票しなければならないという状況をつくることによって、能動的に聞く態度をより強く引き出せるのです。

活動の形態

　ビブリオバトルには大きく分類すると、コミュニティ型、ワークショップ型、イベント型の3つの実施方法があります。ここでは、学校での実施を前提として、それぞれの型についてみてみましょう。

●コミュニティ型

　3〜5人ぐらいのグループで、基本的に全員が発表者になって実施するビブリオバトルです。これが本来のビブリオバトルの形です。純粋な「遊び」としての要素が強く、実施にもっとも参加者の主体性が求められます。昼休みにボール遊びや鬼ごっこをするように、「今日は外が雨だからビブリオバトルをしよう」といって始まるようなビブリオバトルが、コミュニティ型の理想形です。

●ワークショップ型

　コミュニティ型のビブリオバトルを、複数のグループ（班）をつくって同時進行的に実施するタイプです。授業にもっとも導入しやすい型のビブリオバトルです。ワークショップ型はさらに、同期型と非同期型に分けることができます。

同期型では、一つのタイマーを使うことで全ての班が同期して進行します。先生は全体の進行役兼司会を受け持ちます。時間に合わせた運営がやりやすい利点がある反面、個々の班の盛り上がり状況に応じた柔軟な進行はできなくなります。

　タイマーは、プロジェクターを使うなどして、参加者全員から見える位置に大きく提示するように工夫してください。

　非同期型は、各班に進行役を配置して、それぞれの班ごとにタイマーを動かして実施します。コミュニティ型のビブリオバトルが、一つの部屋の中で同時に複数行われるイメージです。全体の進行役（一般的には教員）と、各班の司会（教員・子どもどちらでも可）が必要になります。進行役の先生は、「では、各班そろそろ次の方の発表に移ってください」といった指示を出すことで、全体の流れをコントロールしてください。

　子どもたちがビブリオバトルに慣れていない間は、この形態を取るのがよいかもしれません。その場合、可能であれば、各班の司会に先生方を配置してください。班の数だけ協力者が必要になるので事前の準備に手間がかかりますが、発表に詰まったときに助け船を出すことができますし、なにより子どもたち自身が司会のやり方を学ぶよい機会になるはずです。

●イベント型

　選抜された発表者が順番に本を紹介し、その他の参加者は聴衆として、ディスカッションと投票を行います。発表者のためにステージを用意したり、BGMを工夫したりして場を演出することもあります。注目を集めやすい形態ではありますが、発表者以外の関与の仕方に温度差が出やすいことから、授業としての導入には工夫が必要になります。本書にも、イベント型ビブリオバトルの企画そのものを学習教材とする、プロジェクトベース学習の事例がいくつか収録されていますので、ぜひ参考にしてください。

どう評価するか？

教育現場にビブリオバトルを導入しようと考えたとき、おそらく一番頭を悩ませるのがこの問題ではないでしょうか。「授業に導入する以上、評価は避けられない」という声がある一方で「ビブリオバトルに評価はそぐわない」という指摘も多く聞かれます。

ビブリオバトルはゲームという形態をとっていることから、「チャンプ本獲得者」と「それ以外の子どもたち」が明確になります。誤解されやすいのであらためて確認させていただくと、本来、ビブリオバトルのルールでは、チャンプ本獲得者＝「勝者」とは定義されておらず、あくまで「勝ったのは本」という考え方です。ですから「チャンピオン」ではなく「チャンプ本獲得者」なのですね。

スピーチコンテストの勝者は「スピーチを行った本人」です。それに「スピーチ」コンテストというぐらいですから、ここで競っているのはスピーチの技術であり、その勝者はスピーチの技術が他者よりも優れていると評価されたわけです。ですからこの場合、優勝者の表現力を評価項目に加点することは自然な流れです。

では、ビブリオバトルはどうでしょうか。ビブリオバトルというゲームの目的は「本を勝たせること」ですが、教育現場でビブリオバトルを実施することの目的はそうではないはずです。本にもっと親しんでもらいたい、自分の考えを生き生きと話せるようになってほしい、クラスのチームワークを高めたい、積極的な学習態度を育成したいなどのさまざまなねらいをもって導入されます。にも関わらず、評価の段になると、スピーチコンテストとの類似性を共起してしまうためか、つい「チャンプ本獲得者」を高く評価してしまいがちです。

当然のことですが、ねらいと評価がうまく一致していなければ、教育の効果は十分に得られません。まずは、何がねらいで、それは活動のなかでどう評価できるかについて、先入観を捨ててゆっくりと考えてみてください。この本に収録されている事例は、評価方法についてもさまざまな工夫がなされています。これらも参考にしながら、実施状況に応じた適切な評価方法を採用していただきたいと思います。

ビブリオバトル成果物は？

　ビブリオバトルでは、発表原稿の持ちこみは禁止されています。また、ライブ感を大切にするため、原稿を作成してそれを暗記練習して本番に臨むという流れにはならないことを推奨しています。簡単なメモの持ちこみは許されていますが、これはあくまで発表者の個人的なメモであり、発表者自身がわかるものであれば十分です。よって、成果物としての発表原稿は存在し得ません。しかし、授業に導入するからには、成績評価のために何か成果物が残ってほしいと考える人もいるかもしれません。

　授業の成果物としては、（1）事前準備段階、（2）ビブリオバトル実践段階、（3）事後学習段階（ふり返り段階）の3段階において、次のような例が考えられます。

（1）事前準備段階	・紹介する本の内容を整理するためのワークシート作成（個人作業） ・よい発表のビデオを見せて、気づいた点を挙げる
（2）実践段階	・他の人の発表に関するメモ、聞く姿勢の評価（個人作業） ・出された質問とそれに対する答え（司会が記録） ・発表の様子の録画
（3）事後学習段階	・事後の感想（個人作業） ・自分の班で発表された本の一覧（紹介で使われた印象的なコメント付き）の作成（グループ作業） ・自分が投票した本を読んでみて感想文を書く（個人作業）

　このように、発表原稿に関わらなくても子どもたちの活動記録を残すことは可能です。
　しかしこのような事前、事後の活動は、注意が必要な場合もあります。たとえばワークシート作成の活動で、発表原稿に相当するものを書かせてしまっては、ビブリオバトルをやることの意味がほとんどなくなってしまいます。ワークシートの効果的な利用方法については、この実践集の中でもいくつか紹介されているので参考にしてください。また、事前に発表のビデオを見せることによって、子どもたちの発表が型にはまったものになってしまう危険性もあります。多様なビデオを見せることで楽しい雰囲気が伝わるように工夫してください。
　当然ながら上の表で紹介した例は、状況に応じてもっとも学習効果が高まるように使い分ける必要があります。目的と状況に合わせて工夫しましょう。

（須藤秀紹）

第2章

小学校での実践

1年生の実践

室蘭市立旭ヶ丘小学校教諭　長野加奈恵

絵本でビブリオバトル

ビブリオバトル実践までの経緯

子どもたちの現状

　例年、1年生向けの4月からの読み聞かせは、空き時間をみつけては担任が行ってきました。子どもたちはお話の世界に入りこみ、楽しんでくれます。6月上旬には、授業中に学習課題を早くやり終えて生じた時間に、学校図書館から借りてきた本をみるようになります。

　6月下旬には、本校が毎年行っている地域の文庫によるお話会も体験します。パネルシアター※は、視覚と聴覚をフルにはたらかせて楽しんでいましたが、日本のお話、世界のお話を耳で聴くだけでは想像力がはたらかず、話を聞くことができない子どもたちがいました。一方、お話の面白さがわかり、楽しむことのできる子どもたちもいます。

　そして、入学して半年近く経とうとするころには、国語の学習でひらがなに加えてカタカナを学び、教科書の音読にも取り組みます。学校の掲示物やプリントの文書などを意欲的に読もうとする姿もみられます。そろそろ、本格的に絵本の内容を理解させたいと思っていました。

※パネルシアターとは、パネルに布を貼った舞台に絵などを貼ったり外したりして展開するお話・歌遊びをはじめとする表現法。

授業との関連

　光村図書1年上（2014年）「おおきなかぶ」のあとに、「ほんは　ともだち」というページがあります。この部分を意図的に2学期に扱い、6月から8月に読んだ絵本を紹介させようと考えました。「ほんは　ともだち」では、読みたい本を選び、友だちに自分のお気に入りの本を伝える活動をします。また、光村図書1年下（2014年）「むかしばなしがいっぱい」では、日本と外国の絵本を読み、好きなところを紹介する活動をしました。

きっかけ

　2014年2月に、同じ学校図書館部会に所属する市内の小学校教員が行う、2年生の学級の「ビブリオバトル」の授業を参観する機会がありました。参観した授業は、児童にとって2回目のビブリオバトル体験日で、楽しそうに取り組む様子がみられました。1回目も「慣れないながら楽しんでいた」という話を聞いて、それまでビブリオバトルは高学年が取り組むものと思っていた認識を、低学年でもできるのだと改めました。

その年の4月に新1年生の担任となりましたので、2年生ができるのなら1年生でも絵本であればできるはず……と考え、取り組んでみました。

ビブリオバトル導入の利点

ビブリオバトルの第一の利点は、参加する子どもたちみんなが発表者となり、聞き手にもなれることです。能動的にも受動的にもなれるもので、子どもたち同士関わり合うことができます。

第二の利点は、発表者に思い入れのある絵本のどこをみせようか、伝えようかと考えさせられることです。同じ絵本を選んでも、発表者によって紹介するページが同じではないところに面白さがあります。「チャンプ本」や「ビブリオバトル」という言葉の響きも、子どもを惹きつける魅力があると思います。

そして、何よりも45分間という授業時間に収まることです（ちなみに私の学級は22名です。25名以上の学級では、時間内に収めることが難しいかもしれません）。

ビブリオバトル実践にあたって

導入方法（事前の準備）
夏休み明けの予告→（選書期間10日間）→2日前の練習→本番

夏休み明けの国語の時間に、「○月○日にビブリオバトルをします」とあらかじめ伝えます。10日間の期間を与え、読みたい絵本を選んで読むよう促します。

2日前のベーシックタイム※において、みんなに紹介したいページを読む練習をしたり、紹介したい場面（2カ所）に付せんを貼ったりします。

※ベーシックタイムとは、本校独自の日課で、月〜金曜日の8：20〜8：30、読書や計算・漢字練習などのメニューを、曜日毎に設定して取り組む時間です。

指導目標
絵本の気に入ったページを選び、友だちに紹介することができる。
友だちの紹介を最後まで聞いて、感想を持つことができる。

指導計画
第1回　国語　単元名「ほんはともだち」（2時間）

第1回　国語　単元名「ほんはともだち」（2時間）

時間	学習活動	指導上の留意点	評価と支援
1	・自分がこれまで読んだことがある本の題名を発表する。 ・担任による読み聞かせを楽しむ。 ・教科書を見て学校図書館での本の探し方や読み方を知る。 ・本を選んで読む。	・自分がこれまでに読んだ本のあらすじを簡単に伝える。 ・教科書に掲載されている本を紹介する。	・これまでの読書経験を伝えることができているか。 ・あらすじを伝えることが難しい場合は登場人物を伝えるように促す。 ・本を選んで読んでいる。 ・本を選べない場合はいっしょに選ぶ。
2（本時）	・紹介の仕方をたしかめる。 ・好きなページを紹介し合う。	・付せんを貼るページの変更は本人に任せる。 ・発表順は事前に指定する。	・読むこと、話すことが苦手な児童といっしょに練習する。 ・本の気に入った部分を選び、友だちに紹介することができたか。 ・友だちの紹介を最後まで聞いて、感想を持つことができたか。

※1時間目は、1学期に指導。この数週間後、夏休み前の本の貸し出しも意識して指導。
　2時間目は、当初から2学期に指導予定。それまでの読書経験から紹介するのではなく、夏休みの本の貸し出しと読み聞かせの本にからめて「ビブリオバトル」を行いたいと考えていた。

実際の授業のようす

準備
テレビ・パソコン（ビブリオバトル公式ページを提示）、黒板、付せん
本時の授業記録

学習活動	学習活動
1．本の紹介の仕方、ビブリオバトルのルールや発表順などを確認する。	しょうかいのしかた ①わたしがよんだほんは　　　　　　　です。 ②すきなところをよみます。（すきなりゆうや絵もみせる） ③これでおわります。
	おきにいりの本をしょうかいして チャンプ本をきめよう。
2．グループごとに、ビブリオバトルをする。	・制限時間はバトル1人2分×4〜5人 ・10秒程度の時間超過は可とする。 ・ディスカッションは1人1分30秒。 ・どの本に投票するかを決める。 ・指さしで投票する。 ※指さしで決まらない場合は、同人数の本の面白さなどを伝え合って代表を決める。それでも決まらない場合は、同数の児童同士がじゃんけんで代表を決める。
3．ビブリオバトル決勝。	・各グループのチャンプ本を板書する。 ・紹介者は黒板前にいすを持ってきて座る。
4．投票を行い、チャンプ本を決める。	・紹介者は黒板の方を見て目を閉じる。 ・投票者は全員机に伏せる。 ・手を挙げて投票する
5．投票した理由などを交流する。	・2〜3名程度。
6．チャンプ本発表と次回のお知らせ。	・どの本もよかったことや紹介の仕方などをコメントする。 ・次回のビブリオバトル開催時期を告知する。 「2回目は、○月頃を予定しています。」

本時のようす

　パソコンとテレビを接続し、音を消音にしてビブリオバトル公式ホームページのタイマーを映し出しました。消音にしたのは、紹介に集中させたいという意図があったためです。まずはミニ・ビブリオバトルの3分で開始しましたが、どのグループも1人目で時間をもてあましてしまったので、急遽(きゅうきょ)2分に変更しました。

　目標としては、公式ルールのミニ・ビブリオバトルの3分を目指します。初回ということもあり、なかには紹介もたどたどしく、短縮した時間でも持て余してしまい、途方にくれてグループ全員でテレビ画面を見て、時間をやり過ごす状況も見られました。絵本ということで、文章の好きな部分が短文であり、紹介がすぐに終わってしまい、また好きな理由を話すこともまだこの時期では難しかったようです。

　自分の付せんをつけたページの紹介を終えて時間があまると、即興(そっきょう)で「これは、主人公の○○が○○しているところです」などと紹介する児童も複数いました。それでも絵だけではなく、文章に目を向けさせることも必要だと感じたようです。付せんを2カ所貼るだけでは、制限時間を満たすことができない児童が多かったことから、改良の余地があると思いました。

　「はい、時間になりました。次の人用意」と声をかけると、順番通りに最後の人まで紹介を進めることはできました。ディスカッションではやはり絵に興味を示して質問するやりとりが活発に見られました。文章より絵を頼りにするのがこの時期の1年生の特徴といえます。絵を指さして「これは、何をしているところですか？」など質問している姿があちらこちらで見られました。

　全部4人グループとしたかったのですが、人数の関係で5人グループができてしまいました。5人の場合だと、ページが見づらかったり見せづらかったりします。4人と5人の場合で、時間差が生じてしまい、静かに待つように指示しました。

　本時終了後は、「次は、絶対にチャンプ本にえらばれたいなあ」と、ビブリオバトル決勝に進出を果たした児童を中心に、リベンジに燃えていました。授業の後、チャンプ本を掲示して自由に読めるようにしましたが、本を手に取る児童と取らない児童がみられたため、チャンプ本の横に読書カードを置いて、本を読み終わったらシールを貼るなど、工夫する余地があると思います。

第2回ビブリオバトル実践にあたって

　国語の単元「むかしばなしがいっぱい」（4時間）の中にビブリオバトルを導入して単元構成を工夫しました。

　1時間目に「（この単元）4時間目に、むかしばなしの本で第2回ビブリオバトルします」と伝えました。「ビブリオバトルの日まで、ベーシックタイムや休み時間にむかしばなしの絵本をたくさん読んで、記録（どくしょカード）をつけてください」と伝えて、見通しをもたせ

ました。休み時間に、本校の学校図書館にむかしばなしの絵本を借りにいく児童や、教室にあるむかしばなしの絵本をベーシックタイムや隙間時間に読む児童がみられました。これまでに読んだことのある「むかしばなし」の読書経験から発表したい本を選ぶように促しました。

3時間目の授業の中で、「○月○日にビブリオバトルをします」と再度伝えて、5日間の期間を与えてビブリオバトルに向けて本を選ぶようにし、「どくしょカード」については3月まで継続し、読書をふり返ることができました。

1時間目の予告→1時間目終了後からむかしばなしを読んで記録をつける→
3時間目の中で具体的な日にちを予告→（選書期間1週間）→2日前の練習→本番

2日前のベーシックタイムまでに、「どくしょカード」を見直して本を決め、みんなに紹介したいページを読む練習をしたり、紹介したい場面（2～3カ所）に付せんを貼ったりします。

第2回　国語　単元名「むかしばなしがいっぱい」（4時間）

時間	学習活動	指導上の留意点	評価と支援
1	・単元の見通しを持つ。 ・教科書の挿絵を見ながら、知っている日本・外国の昔話を発表し合う。 ・どくしょカードの書き方を知る。 ・昔話の本を選んで、読む。 ・どくしょカードに記録する。	・興味のある昔話に印をつけさせる。 ・教科書に掲載されている本を紹介する。 ・どくしょカードの書き方をたしかめる。 ・文を最後まで読むように促す。	・これまでの読書経験を発表することができているか。 ・読んだ本の題名や登場人物を記録することができているか。
2・3	・「むかしばなしのかい」をするために昔話ごとにグループを作る。 ・方法を考えて、役割を決めて練習する。 ・「むかしばなしのかい」をふりかえる。	・1グループ3～5人になるように調整する。 ・紹介の仕方を提示する。 ・読書意欲を高めるような声がけをする。	・読んだ内容を表現して紹介することができているか。
4 （本時）	・紹介の仕方をたしかめる。 ・好きなページと好きな理由を紹介し合う。	・付せんの追加や場面変更は本人に任せる。 ・発表順は事前に指定する。	・本の気に入った部分を選び、友だちに紹介することができたか。 ・友だちの紹介を最後まで聞いて、感想を持つことができたか。

※本時については、第1回目と同じ流れ。

実践のようす

　パソコンとテレビを接続し、音を出力してビブリオバトル公式ホームページのタイマーを映し出しました。絵本の紹介や画面に慣れ、集中して紹介できるのではないかと感じたためです。2回目ということで、ビブリオバトルに対する余裕も感じられましたが、やはり友だちの話よりもビブリオバトルのタイマーに気を取られてしまう児童がいました。

　今回は発表時間を2分半に設定しましたが、前回よりも時間を持て余すことなく、時間いっぱい絵本を紹介する姿がみられました。次回は公式ルールのミニ・ビブリオバトルの3分を目指します。自分が選んだ本の好きな理由については、この時期は前回よりも伝えることができていました。紹介が早めに終えたときだけ全員でテレビ画面を眺めている状況でしたが、画面を見て時間に余裕があることを確認すると再びディスカッションをはじめたり、次の人が準備したりと、1年生なりにビブリオバトルのパターンを覚えて活動していました。

　今回はジャンルを指定しました。昔話は本校に冊数が多く、何の本を選んでよいかわからない児童にとっては選書しやすいようでした。「むかしばなしの絵本」ということで、すでにあらすじを知っている本が多く、「ここ、おもしろいよね」、「そうなんだよね」と共感しながら紹介を聞いて楽しんでいたようです。

　残念ながら、ビブリオバトル決勝の顔ぶれは、前回とさほど変化はありませんでした。2回連続チャンプ本を送り出した児童がいたため、「どうして、チャンプ本になったと思いますか？」と全員に問いかけたところ、「せつめいが、うまいんだよね」、「しょうかいをきいていると、いい本だと思うんだよね」などと、絵本を紹介するには、紹介の上手さも大切なことを1年生なりにわかりはじめていることに驚かされました。

第3回ビブリオバトル実践にあたって

　事前の予告→（選書期間10日間）→2日前の練習→本番

　国語の単元に組み入れようとしましたが、単元の目標と合致せず無理があったため、学級活動において1年生のまとめとして、3回目の「ビブリオバトル」を行いました。これまで書きためた「どくしょカード」をふり返りながら、この1年間読んだ本の中から選書するように伝えました。

　10日前に、「○月○日にビブリオバトルをします」と伝えて、選書を促します。その間に、絵本を選び、絵本を読みます。これまで通り、2日前のベーシックタイムにおいて、みんなに紹介したいページを読む練習をしたり、紹介したいページ2～4カ所に付せんを貼ったりします。

第3回　学級活動　単元名「第3回　ビブリオバトルをしよう！」（1時間）

時間	学習活動	指導上の留意点	評価と支援
1（本時）	・紹介の仕方をたしかめる。 ・好きなページと好きな理由を紹介し合う。	・付せんの追加や場面変更は本人に任せる。 ・発表順は事前に指定する。	・本の気に入った部分を選び、友だちに紹介することができたか。 ・友だちの紹介を最後まで聞いて、感想を持つことができたか。

※本時については、第1回目と同じ流れ。

実践のようす

　今回は、ジャンルを指定しませんでした。3学期の国語「だってだってのおばあさん」の学習のために、「動物と人」が出てくる絵本を学級に用意して並行読書していたため、それらの中から本を選ぶ子どもたちがいました。休み時間に、「この本、おもしろかったんだよね」と、学校図書館から絵本を借りてきて読んでいる児童もいました。

　1、2回とも同じ児童の本が選ばれていたため、「3回目こそ！」とやる気に満ちあふれていました。どのように好きなのか、どのように面白いのか言葉を紡いで伝える姿が以前よりも多く見られました。3回目ということもあり、次にどうすればよいかを考えながら、ビブリオバトルを楽しんでいましたが、3分の時間が使い切れない児童がいる一方、3分に収まらない児童が数名いました。大きな進歩です。今回は、ビブリオバトル決勝の顔ぶれに変化が見られ、大いに盛り上がりました。

授業を終えて

子どもたちの感想

「しょうかいはむずかしかった」「しょうかいするのはきんちょうした」「チャンプ本、よみたいな」「はじめはきんちょうしたけど、おもしろかった」「こんどは、チャンプ本にえらばれたい」「また、やりたい」「○○ちゃんは、せつめいがうまいから本がよくみえるんだよね」「もうすこしで、チャンプ本にえらばれそうだったから、おしかったな」

評価方法について

　観察が占める割合が高く、どのグループも公平に見て回るように意識しましたが、全て見ることは不可能です。本に付せんをつけることで、紹介したい部分を明らかにすることができますが、5グループ並行して紹介を行うので、紹介したり質問したりする場面を全て把握するのが難しいため、本時だけでなく事前の練習も含めて評価することは有効です。

感想を書いてもらいましたが、自分のことについて書く児童がほとんどでした。「○○ちゃんは、すごくじょうずでした」、「○○くんのしょうかいが、おもしろかった」と友だちのことを書いている児童は2～3名でした。「グループで、たくさん質問していた人は、誰ですか？」、「グループで、3分間最後まで紹介していた人は、誰ですか？」と、この2点を児童に聞きました。自分と仲良しな友だちかどうか関係なく、素直に答えてくれました。そこで、下記のような方法をいくつか併用することで評価することができるのではないでしょうか。ただし、発達段階を考慮して行うことが必要です。

①一覧表に氏名と観点「聞く・見る」「伝える」「質問する」などを書いてチェックする方法
②写真やビデオで様子を記録する方法
③子どもたちの感想（学年が上がると、記述形式の相互評価も可能）
④子どもたちへ聞き取りをする方法
⑤評価規準に○をつけるなどの方法（自己肯定感が高い・低いなど判断が難しい場合があり）
⑥本時だけでなく、事前練習の場面も観察する方法

反省点・課題など

　うまく文章は書けないけれども、流暢(りゅうちょう)に紹介している児童がいました。これまでの授業では見られない一面を見ることができて感激しました。うまく伝えられない児童に対しては、付せんに「しゅじんこう　おもしろい」、「ねこ　わらえる」など、簡単なひとことを書きこんだり、紹介する練習をくり返したりするなどの事前の手立てが必要だと感じました。付せんのメモは許容範囲であると考えています。

　今回の実践では、時間内に収めるようにするために、各児童にストップウオッチを与えて、紹介内容を整理して伝えるように指導する必要がありました。1年生にとって伝えたい事柄が多いことはとても好ましいことです。原稿を用意して紹介文を書くことも考えましたが、ビブリオバトルでは書いた文を読むのではなく、書いた文章を暗記するでもなく、伝えたい事柄を生きた言葉で伝えられるところがよさだと感じています。自分の頭で言葉をまとめて、相手に伝えられる力を身につけさせることを目指したいですし、くり返し取り組むことで言語能力も鍛(きた)えられるように感じます。

　国語の読書単元にビブリオバトルを思いつきで入れられるわけではありませんので、単元の目標と照らし合わせることが大切です。しかし、鮮度を失わない範囲で、定期的にビブリオバトルを実践することが望ましいです。また、ネタ切れに陥らないようにするために、紹介できる本を子どもたちに常日頃ストックさせたり、読み聞かせやブックトークで子どもたちが手に取らないような本を紹介したりと、本が身近に存在するという環境を、意図して整えなければならないと思います。本にたくさん触れることで、「みんなに紹介したい」、「みんなと共有したい」という欲求が自然とうまれてくるはずです。

3年生の実践

小樽市立緑小学校教諭　大久保洋子

ビブリオバトルの可能性
～直感から確信へ

ビブリオバトル実践までの経緯

子どもたちが読書ぎらいって本当？

　本との出会いって、いつからでしょうか。読書をしたのは、どんなきっかけなのでしょうか。子どもたちは最初から読書がきらいなのではなく、落ち着いて本を読む習慣が身についていないことや、読書の経験の少なさから、どんな本を読んでいいのかわからないといったことが原因で、本を避けるようになっているだけかもしれません。また、今はインターネットを利用すれば自分の知りたいことがパソコンなどですぐに検索できます。幼少期に昔話や童話に触れる機会を逃して動画サイトを楽しみ、溢れる情報の渦中にいることが原因になっているのかもしれません。本に触れあう機会がない環境や、読書を強要されてアレルギー反応を起こしていることも考えられます。

わくわくできる読書活動を探して

　感情を豊かにして頭をやわらかくしてくれる読書は、心のビタミンだと私は感じています。だからこそ、子ども自らがわくわくしながら、本を手にとるような本との出会いの機会をつくりたいと考えました。ブックトークやアニマシオン[※1]、リテラチャーサークル[※2]などの活動とも出会いましたが、これらの活動は、準備のための時間確保が難しく、私自身がどんな本を選択し用意していいのか行きづまってしまいました。

　子どもたちにとって必要なキーワードは、「自分たちから」「わくわく感のある」活動をすること、つまり指示されてやらされる活動ではないこと。また教員にとって必要なキーワードは、「手軽」に準備できて「シンプル」に実践できることでしょう。何より準備や実施を負担に感じないことが大切です。そのためには、実施時間の確保も必要です。教育課程や年間指導計画をもう一度読み直しながら、国語の授業に取り入れられる方法はないかと考えはじめました。なぜなら、授業時数との兼ね合いで、せっかくの実践であっても、実現しにくくなる場合もあるからです。だからこそ、一石二鳥にも三鳥にもなる活動を探し求め続けていました。

※1　アニマシオンとは、子どもたちに読書の楽しさを伝えて読む力を引き出そうと開発・体系化した読書指導メソッド。
※2　リテラチャーサークルとは、literature（文学）の circle（集まり）という意味で、読書法のひとつ。

ビビッと！　ビブリオバトルとの出会い

　平成25年2月。職員室回覧文書の中に、北海道教育委員会「子どもの望ましい読書習慣の定着を目指して」のリーフレットがありました。そこには、「ビブリオバトル」という聞き慣れない名称がありました。さっそく朝読書の時間に、希望者を募って見よう見まねで取り組んでみました。

　当時5年生の感想は、「血が騒ぐ。もっとやりたい」から、「難しそう」までまちまちでした。ただ、「チャンプ本を選ぶ瞬間が、わくわくする」という感想の多さに驚きました。一番抵抗感がある部分に違いないと思いこんでいたからです。

　同年4月には、『ビブリオバトル〜本を知り人を知る書評ゲーム』（谷口忠大／著　文春新書）が書店の店頭に並びました。さっそく読んでみると、「本を知り人を知る」というビブリオバトルの機能を実感することができました。公式ルールの明快さや手軽さだけでなく、その可能性にビビッときました。子どもたちとやってみたいと思える活動に出会えて、わくわくしてきました。

戦略的に言語活動として取り入れるために

　ビブリオバトルの可能性として、次の活動が期待できると直感しました。
①自ら本を手にとり、紹介し合い、友だちのよさを認め合うことができる子どもを育む活動
②語彙を広げ、言語活動を充実させ、自分の考えを伝え合う話し合い活動ができる子ども・学級を育む活動

　国語の年間指導計画を見通し、言語活動に適用できる教材を教科書（光村図書）で探してみました。学習指導要領の言語活動例としては、「ア）物語や詩を読み、感想を述べ合うこと。」と「エ）紹介したい本を取り上げて説明すること。」の教材が活用できそうです。各学年にある「本に親しむ」単元でも、工夫次第で取り組めそうです。

失敗体験から学んだこと（親切心があだに…）

　ミニ・ビブリオバトルを見よう見まねながら、高学年で実践し、確かな手ごたえを実感していました。3年生の担任となって、「3年生にもできるだろうか？」と不安に思いました。そこで、あらかじめ原稿用紙に話すことを書かせ、万全の準備でスタートしたつもりでした。

　しかし、練習したり暗記発表した様子は、まるで作文発表会。発表の上手な子の本がチャンプ本に選ばれました。投票しなくても、選ばれる子は決まってるような雰囲気になってしまいました。また、3年生の子どもだからと、発表の時間を一人ひとりのやりたいようにして制限をなくしたら、グループ発表の待ち時間が増え、ざわついた時間になってしまいました。

　そんななかでも、「また、やってみたいな」と意欲的になっている子がいてくれたのが救いでした。一方「また、書くんでしょ」とげんなりしている子には申し訳なく思いました。これは、担任として反省すべき点でした。3年生だからと配慮したことが失敗の原因となったのです。

　原因を考えて反省し、試行錯誤した結果、公式ルールに立ち返ることにしました。解決方法

は、実にシンプルでした。子どもが笑顔を取り戻し、いそいそと本を選んでいる姿を見たときには、ほっとしました。この失敗経験が、逆に新たな授業実践のエネルギーとなりました。

3年生の実践紹介

　可能性に満ちているビブリオバトルであっても、小学校で実践するには、子どもたちとビブリオバトルとの最初の出会いが大切だと実感しました。難しい印象を与えないためにも、まずはミニ・ビブリオバトルからスタートするのが効果的だと思います。小学3年生が楽しく活動できるように、公式ルールやホームページを見ながら、子どもたちが不安に思うところを予想して事前の準備をしました。

ビブリオバトルへの段階的な取り組みの工夫

　まず、年間指導計画と教科書を見ながら教材を選択します。3年生ならば、1学期の5月上旬・夏休みあけの2学期はじめ・3学期はじめの1月と、国語の授業時間に言語活動としてできそうな教材がありました。

「3年生だってできるもん！」と思える出会い作りの工夫

　3年生に進級した子どもたちは、緊張と期待でわくわくしているはずです。低学年とは違い、理科・社会・総合と新しい教科も増え、書写には習字が始まり、音楽ではリコーダーにも取り組みます。ちょっぴり大人になったような背伸びしたくなるときがチャンスです。そのときに、「ミニ・ビブリオバトルに挑戦します！」と宣言するのです。子どもたちは、当然キョトンとします。「京都大学で始まった本を紹介するゲームです」、たたみかけるように「朝読書で読んで面白かった本を紹介し合います」と。

　すると、朝読書がスタートする新学期から、「友だちに教えたい本」という本選びの視点が加わり、本選びの姿勢が前向きになりました。

知的好奇心を刺激しながら、学級全体をゆっくりまきこんで

　『ビブリオバトル〜本を知り人を知る書評ゲーム』の内容から、3年生でも伝えられる部分をわかりやすく伝えていきます。朝の会や給食時間など短時間で、ビブリオバトルがどんなものかを紹介していきました。

　「ビブリオとはラテン語で本をあらわしていて、バトルは戦いだから、本を使った戦い、本の紹介ゲームのことです」と言うと、やんちゃな子も知的好奇心が旺盛な子も興味津々で食いついてきます。さらに、「5月の連休のあとに実施します」と時期を予告し、担任の本気度も伝えます。ここで、控えめで真面目な子どもたちも、「本を紹介するなら読まなくちゃ」と、ゆっくり行動しはじめました。

　あとは、朝読書の時間や朝の会・帰りの会などに「友だちに紹介したい、面白い本は決まっ

たかな？」と声かけしながら、出てきた質問にこたえていきます。紹介する本を決めた子には「すばらしい！　先を見通しているね。でも、みんなには内緒にしていてね」と。それが地道に取り組んでいる子を認める機会にもなります。

いろんな紹介スタイルを！　いよいよ担任のデモンストレーション

　ある程度、紹介したい本を決めた子がでてきたら、担任が実演して見せます。小学生なので、ミニ・ビブリオバトルを実施します。学級の雰囲気を把握した本選びがポイントです。やんちゃな子も知的で控えめな子も興味を持つ1冊を、課題図書を参考に『ちきゅうがウンチだらけにならないわけ』にしました。最初に子どもたちの興味をひきつけることが大切だと考えての選択です。

　ここでは、担任が役者になりきって3パターンくらいの方法で紹介しました。「自分もできそうだな」、「楽しそうだな。やってみたいな」と、イメージがわくように、とにかくやってみました。

授業実践例その1

　1学期5月上旬には、「話すこと・聞くこと」領域の「よい聞き手になろう」という教材があります。友だちに知らせたいことを決める話題例に、「テレビや新聞で知ったニュース」、「うれしかった出来事」、「最近読んだ本」とあり、はじめの一歩となる実践にぴったりです。

教材名　　よい聞き手になろう。
指導目標　話の中心に気をつけて聞き、質問したり感想を述べたりできる。
指導計画　5時間

次	時	学習活動	指導上の留意点	評価と支援
第1次	1	・よい聞き手について考えよう。	・教科書の例文を読み合いながら質問のしかたを考える。	
	2	・本のしょうかいゲーム「ミニ・ビブリオバトル」をしよう。	・ミニ・ビブリオバトルを言語活動例として取り入れ、ルールを伝え理解する。	・ルールを提示する。
第2次	3	・ミニ・ビブリオバトルの作戦をたて（練習して）、グループで発表しよう。	・4〜5名ほどのグループで同時にスタートする。発表時間3分で合図。その後質問タイムを2分。最後に一番読みたい本（グループチャンプ本）を決定する。	・1人あたり5分で交代する。質問タイムが途中であっても交代する。
	4（本時）5	・グループ代表大会でチャンプ本を決めよう。 ・感想交流しよう。	・前時と同じ方法で各グループの代表が発表する。その後投票してチャンプ本を決める。	

- なんとか時間までは紹介しようと言葉をしぼりだそうとする発表者。思わず身を乗り出して質問する子どもたち。
- とまどっているときにアドバイスをし合い、自然と話し合う姿がみられました。

3年生5月に実践したときの子どもたちの感想を、原稿用紙1枚に書いてもらいました。紹介します。

> Aさんは、友だちに紹介したい本を一番最初に決めて、やる気いっぱいでした。お気に入りの本を紹介したくてたまらない様子でした。

サイコー！ノンビリすいぞくかん！
A男

　グループのだいひょうにえらばれたときの気もちは、びっくりぎょうてんだ。意外にすんなりぼくの本にきまったから、びっくりとうれしかったという気もちだ。
　学級のチャンプ本になれなかったときはくやしかったけど、ぼくは二ばんめだった。なぜか読みたいほかの本が思いつかない。『ノンビリすいぞくかん』は、それだけだいじな本だったんだなあと思った。プロフィールにもすきな本は『ノンビリすいぞくかん』と書いた。ほかの人に、「らしいね」と言われた。
　魚のだいひょうの本はこれ。家にあるだいひょうの本も、これ。かあちゃんに見せても、「おもしろいね」と言われた。
　だから、ノンビリすいぞくかんサイコー！

> Bさんは、紹介したい本がなかなか決められなく困っていた様子でした。グループ発表のときも言葉につまっていたので心配でしたが……。

とてもおもしろいミニ・ビブリオバトル
B女

　わたしは、『ランディーとトラックのうんてんしゅ』という本をしょうかいしました。さいしょは、どきどきして、言うことをわすれてしまって、とまったけど友だちが、「まちがえても、大じょうぶだよ」と、言ってくれてとてもうれしかったです。友だちが声かけしてくれたのであんしんできました。ほかの人のを見ていると、おもしろそうな本ばかりでした。一番は、Aさんの『ノンビリすいぞくかん』です。
　クラスのチャンプ本は、Cさんの『まちのおばけずかん』です。わたしも読んでみたくなってたまりませんでした。
　わたしの本がクラス一番じゃなくてざんねんでしたが、おもしろそうな本がいっぱいありました。またミニ・ビブリオバトルをやりたいです。

「はじめてなんだから、まずはやってみよう!」、「大学の研究室からはじまったのだから、うまくできなくても大丈夫だよ」、「うまく言えなくても、時間は同じ。5分交代だからね」と、にっこり笑顔で伝え続けました。
　実際にやってみると、時間がたりなくなったり、緊張してこまってしまったり、さまざまな喜怒哀楽の表情がみられました。6グループ同時にすすめましたが、時間を決めて交代したので、混乱はありませんでした。多かった感想は、「はじめて知った本がいっぱいあったから、またやってみたい」でした。ふだんは関心がない本でも、友だちが紹介しているからこそ、手にとって読みたくなることが改めて実感できました。本を紹介するときに、時間を余らせてしまった子は、「ああすればよかったんだな」と、友だちの発表からたくさん気づけたようです。失敗してくよくよするというより、今度はこうしてみたいと意欲がわきでていると感じました。他の教科で感想交流する学習場面でも、「ミニ・ビブリオバトルのやり方でやってみたい」という声も出はじめ、うれしい驚きでした。
　夏休みに読んだ本を紹介しあうときも、ミニ・ビブリオバトルはおすすめです。2学期スタートの朝読書の本選びでも、ミニ・ビブリオバトルで友だちが紹介した本を参考にしていた子や、ビブリオバトルのようにすすめ合っている様子もみられました。

評価方法は、指導目標に合わせて工夫を
　ビブリオバトルの活動を評価するときには、活動の目標にあった観点項目の工夫が必要です。アンケートの項目に「友だちが紹介した本を読んでみたいですか」など、指導事項を加えたり、活動の様子から見取り、評価する方法が中心となります。
　評価方法にあわせて、ビブリオバトルが強制的、画一的になってしまうと、子どもに荷重な負担を強いたり、読書ぎらいにさせてしまうかもしれません。たとえば、絵本の楽しさを親子で共有するはずの絵本の読み聞かせなのに、「国語ができるように」、「読書できるように」といった願いが強すぎるとどうなるでしょう。大人の教育への眼差しや都合を押しつけると、本ぎらいになってしまうのと同じことなのかもしれません。

授業実践例その2

導入方法
　冬休み前に、「3学期スタートしてすぐに、レベルアップしたミニ・ビブリオバトルをします。今回は科学読み物限定です。本選びに困ったら、教科書にある『この本、読もう』を参考にしてください」と伝えておきます。それまでに、朝読書の時間を利用して、ビブリオバトルのエピソードやルールを少しずつ伝えていきます。

教材名　　『ありの行列』
指導目標
●考えの進め方を捉えて、科学読み物を紹介する。

- 紹介するために、文章の内容を適切に引用したりまとめたりすることができる。
- 文章の内容と感想を発表し合い、一人ひとりの捉え方に違いがあることに気づくことができる。

指導計画　7時間

本時の目標

　ミニ・ビブリオバトルの活動を通して、科学読み物を紹介し、それぞれの感じ方の違いに気づき、紹介し合った本に興味を持つことができる。

次	時	学習活動	指導上の留意点	評価と支援
第1次	1	・教師が科学読み物を紹介するのを聞き、ミニ・ビブリオバトルに関心を持つ。 ・自分の好きな科学読み物を選び、並行読書していく。	・児童の興味を引き出すように、3パターンほど紹介の仕方を工夫し、意欲をもたせる。 ・ルールを伝え、活動をイメージさせる。	
第2次	2	・「問い」「答え」に着目して各段落の内容を捉え、中心となる文を書き抜く。	・大まかな内容を捉えさせる。	
	3	・指示語や接続語に着目し、論の展開「はじめ」「中」「おわり」を押さえる。	・接続語や指示語に着目すると内容のつながりが捉えやすいことを理解する。	
	4	・文末表現に着目して、筆者の考えをまとめる	・文末表現が実際したことの読み分けに役立つことを理解する。	
	5	・教科書に示された形式で「ありの行列」の内容と感想を友だちに話す。	・教科書の文例を参考に内容や感想メモを簡潔にまとめる。	
第3次	6	・自分が選んだ科学読み物を友だちに紹介するためにミニ・ビブリオバトルの準備をし、グループ大会をする。代表を決定する。	・ミニ・ビブリオバトルで、各グループのチャンプ本を決定する。 ・前時と同じ方法で各グループの代表が科学読み物を紹介し、発表する。その後投票してチャンプ本を決める。	
	7 (本時)	・グループ代表大会でチャンプ本を決めよう。 ・感想交流しよう。	・感想交流をする。	

【第6時　グループ発表】

- 全員が本の紹介発表を経験をしているからこそ、相手意識をもって質問や感想の言葉がやさしくなってきました。
- チャンプ本を目指して、紹介ページに付せんをつけたり、図を示したりと、発表の仕方にも工夫が見られるようになりました。

第7時（本時）

学習活動	指導上の留意点
1．ルールや発表順などを確認する。	・前時をふり返りルールを確認し、グループ代表毎に発表順を決める。

> お気に入りの科学読み物を紹介し合って、学級チャンプ本を決めよう。

2．グループの代表が科学読み物の紹介をする。 ↓ ディスカッション（2～3分） 	・ミニ・ビブリオバトルをする。 　本の紹介時間は3分間。 　↓ ・話し合い時間は長くても3分間までとする。 ・全体から質問を受け付け、その後感想を伝え合う。 ・投票する本が多い場合は、書名や一言感想などをメモする。 ・本の表紙が見えるように並べ、投票する本を決めやすくする配置を工夫する。
3．どの本に投票するかを決める。 4．投票を行いチャンプ本を決める。	・結果発表後、チャンプ本になった発表者から感想を発表する。

> ミニ・ビブリオバトルで学級チャンプ本を決めたことで多くの科学読み物と出会い、一人ひとりの感想のちがいに気づくことができた。

5．投票した理由などを話し合い、交流する。	・グループ交流で投票した本やチャンプ本について感想交流する。

ビブリオバトル4つの機能の可能性を実感

　ビブリオバトルの可能性は、その4つの機能にあると実感しています。それは、3年生担任としても実感することができました。

1．参加者で本の内容を共有できる→書籍情報共有機能

　自分が一冊のおすすめ本を紹介することによって、参加者の立場で、それまで知らなかった本に出会うことができる。30人学級なら5人で6グループ。グループ代表だと6人。合計11冊もの本が紹介されるのです。
　——自ら本を手にとり、本を通して共通の話題を話し合える子どもたちに——

2．スピーチの訓練になる→スピーチ能力向上機能

　持ち時間を使い切るために工夫して発表しなくてはならないのですが、原則的に原稿なしでの発表がポイント。持ち時間を残し沈黙の時間が流れたときに、その子らしさが発揮できます。その緊張感をお互いに体感しているからこそ、質問や感想も、相手にわかりやすく、相手に優

しい言葉を使うようになってくるのです。さまざまな発表場面でも度胸がついてきました。
――相手にわかりやすく発表したいと工夫しはじめる子どもたちに――

3．いい本が見つかる→良書探索機能

　学級の仲間に読んでほしいという視点での本選びや、チャンプ本になりたい思いで本選びする視点が加味されてきます。
　友だちが紹介した本を読んで、感じ方が違っているのに気づくことが多いようです。自分では読まないジャンルの本とも出会えます。
――本との出会いを楽しみに、読書への興味を広げる子どもたちに――

4．お互いの理解が深まる→コミュニティ開発機能

　本の紹介をするときには、自ずと自分の考えや意見を相手に伝えたい思いで発表することになります。自然と人がらがにじみでて、新たな一面やよさを再発見することができます。まさしく「人を通して本を知る」だけでなく「本を通して人を知る」ことを実感します。
――読書を通して、友だちのよさを再発見する子どもたちに――

ビブリオバトルの可能性～直感から確信へ

　はじめは、小学生には無理かもしれないと思っていました。まずはビブリオバトル公式サイトを参考にし、『ビブリオバトル～本を知り人を知る書評ゲーム』をバイブルにしながらやってみたわけです。子どもたちの不安感やとまどい感を予想して、手立てを考え、恐る恐る実践した5年生。何とか国語の授業に取り入れる方法を模索した6年生。失敗経験を生かしながら修正し、戦略的に授業実践を模索した3年生。それぞれの学級で国語の授業の「単元を貫く言語活動」に生かせる可能性や、読書のための本選びにも活用できる活動だと実感できました。

　何よりも、子どもが能動的に活動し始める様子は、担任としてわくわくします。ミニ・ビブリオバトルをやってみると、子どもたち一人ひとりが学級で認められる機会が増え、相手のよさを再発見できるということを実感します。ミニ・ビブリオバトルの活動をするたびに、温かな学級の雰囲気作りのきっかけとなっていると確信が持てていきました。

　ミニ・ビブリオバトルが始まる前の学級に広がるあの緊張感。チャンプ本を投票した後のどきどき感。本との新たな出会いが待っているあのわくわく感。温かい雰囲気になっていく学級。子どもたちが読書しているときのあの生き生きとした表情が見たいと願いつづけて、出会えたビブリオバトル。

　「3年生にだってできるもん！」　ぜひ、どの学級でもはじめの一歩を！

6年生の実践

武蔵野市立第一小学校教諭　麻生崇子

本と出会い、本とともに歩む子どもを目指して

ビブリオバトル実践までの経緯

　昨年、武蔵野市教育研究会図書部にて行われたビブリオバトル講座に参加し、教員たちによるビブリオバトルに初挑戦しました。始まる前は、どの本を紹介しようか、どんなことを話そうか、5分も話せるかな…と不安でいっぱいでした。

　けれども、実際にやってみると、みなさんが話を聞いてくれたり質問してくれたりして、自分の選んだ本についていっしょに語る喜びをいつのまにか感じていました。この感覚をいつか子どもたちにも感じさせたいと思いました。

　1年後、担任している6年生のクラス（児童数34名）でワークショップ型の国語科の研究授業を実施しました。研究テーマは「自分の考えをもち、伝え合うことができる児童の育成」です。

　クラスの児童は、決められたテーマについての短いスピーチやグループ討議などはできますが、自ら進んで発言するような場面では、発表できる児童は限られています。そこで、子どもたちが好きな「本」をもとに話すようにすれば、自ら進んで「伝えたい」、「聞きたい」と思う気持ちが高まり、「伝え合う」楽しさや面白さを感じられるのではないかと考えました。

　本の紹介活動は、校内の読書週間などで今までにも何度も経験してきていますが、紹介カードに書いて掲示したり、書いたことを読んで発表したりの一方通行的な発表が多かったのです。しかしビブリオバトルには、発表に対して感想を述べたり質問したりする場面も用意されているので、双方向のコミュニケーションが図れる活動だと考えたのです。

ビブリオバトル実践にあたって

導入方法　夏休み前、ビブリオバトルを2学期に実施することを予告しておく。
指導目標
①自分の紹介したい本を楽しみながら効果的に紹介できる。
②友人の本の紹介を聞き、よい点や工夫されている点に注目して評価できる。

※次ページの【関】は「関心・意欲・態度」、【言】は「伝統的な言語文化と国語の特質に関する事項」、【話・聞】は「話すこと、聞くこと」を指す。

指導計画

次	時	学習活動	指導上の留意点	評価規準と評価方法
第1次	1	①本を紹介し合う活動として「ビブリオバトル」という方法があることを知る。 ②「ビブリオバトル」のルールを理解する。	☆「ビブリオバトル」でのねらいを伝え、書評合戦への関心を高める。 ☆ビブリオバトルの公式ルールを提示し、正しく理解させる。	【関】本を紹介し合うことに興味をもち、紹介したい本を見つけようとしている。（観察）
第2次	2	③自分が推薦したい本の魅力を考え、聞き手に伝えたい事柄を書き出す。	☆聞き手に、「読んでみたい」と思わせるため、本の特徴や心に残ったこと、登場人物など、その本の魅力を考えさせ、伝えたい事柄をたくさん見つけられるようにする。	【言】本の魅力を伝えるために注目すべき点を考え、話す事柄を選んでいる。（観察・ワークシート） 【話・聞】自分の知識や経験などをもとに、内容や表現の仕方などを工夫し、伝えたいことを書き出したりまとめたりしている。（ワークシート）
	3	④構成や表現を工夫して、発表メモをつくる。 ⑤メモをもとに発表の練習をする。	☆聞き手をひきつける構成や表現の工夫を考え、発表メモをつくる。 ☆一人で、または友だち同士でアドバイスし合いながら練習し、自信をもって発表ができるように準備する。	
	4 (本時)	⑥グループごとにミニ・ビブリオバトルを行う。 ⑦ルールに従い、グループのチャンプ本を選ぶ。 ⑧紹介し合った本について感想交流をする。	☆友だちに推薦する本のよさを伝えるという相手意識と目的意識をはっきりさせる。 ☆話し方、目線や表情、ジェスチャーなどを意識させて発表させる。 ☆友だちが紹介した本で興味をひかれた点をワークシートに書かせる。 ☆チャンプ本だけでなく、気になった本やその理由なども交流できるようにする。	【話・聞】相手や目的を意識しながら、自分が推薦したい本の魅力について話している。（観察） 【言】聞き手を惹き付けるための表現や構成を工夫して話している。（観察） 【関】発表者が伝えたい本の魅力を理解し、質問したり感想を述べたりしている。（観察・ワークシート）
第3次	5	⑦クラス全体で、ビブリオバトル決勝戦を行い、チャンプ本を選ぶ。 ⑧ビブリオバトルについてふり返る。	・本を紹介し合うよさを感じ、読書に対する関心を高める。	【話・聞】発表を聞いて、それぞれの本の魅力を理解し、質問したり感想を述べたりして、一番読みたい本を選んでいる。 【関】本を紹介し合うよさを感じ、読書への関心が高まっている。（ワークシート）

実際の授業のようす

準備

「みんなに紹介したい本を1冊選んでおいてね。ただし、いつもとは違う方法で紹介するからね」と、実施数週間前に子どもたちには意味深な予告をしておきました。すかさず「え！ どんな方法？」と聞かれましたが、「秘密！」としか答えませんでした。子どもたちはワクワクした顔で「どの本にしようかな？」と考え始めました。

1時

まずはじめに「ビブリオバトル」という名称を紹介しました。「バトル？」「やりたい！」という声があがりました。「バトル」という言葉に、普段本に対して抵抗のある男子も興味津々のようすでした。本選びは個性が出ます。これもビブリオバトルの醍醐味であると思ったので、今回はとくにテーマをしぼらずに自由に選ばせました。ただし国語の授業で行うので「マンガ以外の本を選ぶ」という条件だけはつけました。本選びについては、全員があまり悩まずに選んでいました。

2時

発表する本を決めたあと、「本の魅力を紹介するためには、どのようなことを話せばよいか」を挙げさせました。出てきたのは、書名・作者・登場人物・あらすじ・気に入っている場面・作者の考え・読むきっかけ・挿絵・写真などで、それらをどんどん板書していきました。

また、「相手に伝えるためにはどのような工夫が必要か」と聞くと、声の大きさ・話し始め・目線・声の明るさ・話の流れ・表情・話す速さ・時間・ジェスチャー・間のとりかた・ユーモア・見せ方などが挙がり、同じように黒板に書いていきました。のちにこれを模造紙に書き写し、ビブリオバトルの授業時間中は常にこの項目を子どもたちに意識させました。

その後、上記の項目を参考にして、選んだ本を紹介するためのメモをつくることにしました。メモの形式は統一せずに自由な形式ですが、「誰に向けて紹介するのか」、「どこをもっとも強くアピールするのか」、「どんな表現がよいのか」などを考え、本の魅力が相手にきちんと伝わるような内容を選び、構成や表現を工夫したものにするように指導しました。

ちなみに、この発表メモは読み上げ原稿ではありません。また、発表練習は原稿を読む練習でもないことをきちんと伝えています。

3時

　発表メモをもとに、まず3分の長さを体感する1人練習、その後、3分を有効に使って話せるかの2人練習をしました。「発表」というと、子どもたちにとってはメモを見ることが当たり前になっていますが、ビブリオバトルではメモを見ながらはできません。メモを見ずに話すことは、大きな壁になりましたが、それがちょうどよい目標にもなりました。家で極秘練習していた子も多かったです。生活班のメンバーでアドバイスし合いました。他の班には聞かせないように秘密の練習です。相手に伝わる内容になっているか、伝わるような話し方になっているか、厳しくも温かなアドバイスが飛び交っていました。

4時

本時の授業記録

学習活動	指導上の留意点
1．ルールや発表順などを確認する。	・紹介した人を選ぶのではなく、読みたいと思った本を選ぶことを確認する。
お気に入りの本を紹介し合って、チャンプ本を決めよう。	
2．グループごとに、ミニ・ビブリオバトルをする。 <発表> ・発表メモは見ずに、相手を見ながら発表する。 ・メモに書いたことを思い出しながら、紹介する本の魅力が伝わるように工夫して発表する。 <ディスカッション> ・本の魅力をさらに引き出せるように質問する。 「この作者の他の本も読んだことがありますか」 「どの場面が一番すきですか」 3．どの本に投票するかを決める。 「登場人物が面白そうだから読んでみたい」 「感動的なストーリーだから読んでみたい」 「続きがどうなるか気になるから読んでみたい」	・発表時間を厳守させる。 ・時間が余っても話を続けられるように声をかける。 ■相手や目的を意識しながら、自分が推薦したい本の魅力について話している。【話・聞】（観察） ■聞き手を惹き付けるための表現や構成を工夫して話している。【言】（観察） ・発表メモづくりで示した発表項目例を提示しておき、発表でわからなかった点やさらに詳しく聞きたいことが質問できるようにする。 ■発表者が伝えたい本の魅力を理解し、質問したり、感想を述べたりしている。【話・聞】（観察・ワークシート） ・グループの中央に本を置き、いっせいに選んだ本を指さす形態で投票させる。
4．投票を行い、チャンプ本を決める。 5．投票した理由などを話し合い、交流する。 6．次時の見通し。	・チャンプ本だけでなく、票が入らなかった本も含めて、すべての本について聞き手として感じたこと（よい点に限る）を交流させる。 ・グループのチャンプ本を次時ではクラス全体に発表することを伝える。

当日の朝に、ビブリオバトルをするグループを発表しました。「発表グループは当日まで秘密だよ」と伝えていたので、子どもたちも楽しみにしていたようです。各グループの人数は4〜5名のワークショップ型です。グループは教員側で決めました。事前にアドバイスし合った子どもたちがいっしょにならないよう、また、安心して発表し合えるように、人間関係を考慮したり、司会ができる子どもが各グループに入るように配慮しました。グループごとの司会者と発表順は子どもたち自身に決めさせました。司会者は立候補ですぐ決まり、発表順はジャンケンや話し合いで決定したところもありました。

　各グループには机を2つ用意し、そのまわりに人数分のいすを配置しました。そうすることで、班のメンバー同士が近づき、声も聞こえやすいと考えたからです。また、発表者は黒板のほうを向いて座るようにし、黒板に表示した時計が見えるように指示しました（キッチンタイマーをスタンド型のOHPライトに当てて黒板に大きく表示しました）。

　授業のはじめには、児童に4つのルールを読みあげさせて、皆でルールを再確認しました。はじまりや終わりなどの合図は私がベルで行いました。発表時間は3分、ディスカッションは2分としました。

　1人目の発表の後に、自然に拍手が起こったので「すごいね。自然に拍手が起こったよ」という声かけをしました。また、発表の合間には、各グループで見られたよいところ（時間が余ってしまった友だちに、こっそりと好きな場面はどこなの？と助け舟を出していたことや、グループのメンバーに合わせて、用意した話を変えてきたことなど）を、みんなに簡単に伝え、次の発表に生かせるようにしました。

　発表された本は、児童文学の本が3分の1程度で、ハウツー本や図鑑、クイズなど、とてもバラエティに富んでいて、ディスカッションもとても活発でした。

　チャンプ本を決めるときには、本のみを机の上におき、私の「せーの、はい」という号令で指さしにて決定。ワークショップ型ですと人数が少ないので、同数でチャンプ本も複数になることがあります。グループ全員がチャンプ本を獲得したグループが3グループ、2人チャンプ本が2グループ、1人チャンプ本が2グループで、チャンプ本が19冊となりました。

　授業の最後は「感想・交流タイム」として、本をまん中に置いて皆でワイワイと話す時間を設けました。「これもよかったんだよね」、「これとこれ、どちらにするかすごく迷ったんだよ」と、チャンプ本に選ばれなかった本も話題にのぼり、本の魅力をさらに確認することができました。その後1週間ほど、紹介した全部の本を教室の後ろにおき、自由に閲覧できるようにしました。子どもたちは、時間を見つけては、いろいろな本を手にとっていました。

授業を終えて

「チャンプ本になったのでよかったです」
「長編、短編、スポーツ…とみんなの紹介した本が違ったので、聞いていて面白かったです。すべての本が読みたくなりました」

「どれも紹介の方法がうまくて、チャンプ本を選ぶときに迷いました」
「どれも読んだことのない本で、ぜひ読んでみたいと思いました。自分の発表は3分ジャストまで話ができたので、魅力を伝えられたと思います」
「チャンプ本にはなれなかったけれど、自分の伝えたいことを100%出し切れたので楽しかったです」
「3分は意外と長くて、話すのが大変でした。チャンプ本には選ばれなかったけど、とても楽しかったです。またやりたいです」

　子どもたちの授業後の感想からは、どの子も、この活動をとても楽しんで、そして意欲的に取り組めたことが感じられます。ふだん、クラスメイトに自分からは話しかけることが少ない女の子が、この取り組みでは、本を手に、目の前にいる友だちの顔を見ながら、3分間、生き生きと話していました。普段の姿とは全く違う表情に、正直とても驚きました。

　好きな本を紹介することやゲーム性を取り入れた活動から、子どもたちの意欲的な参加がみられました。3分間メモも見ずに友だちに話をするということは、最初はとても大きな壁でしたが、やりきった子どもたちには大きな自信をもたらしました。
　ビブリオバトルは、「本を通して人を知る　人を通して本を知る」とうたわれていますが、まさにこの活動では、本の紹介を通して友だちのことをもっと知り、クラスの人間関係をよりよく深める活動になりました。さらに、本の選択肢が広がった子が多く、友だち同士で本を紹介し合ったり、交換し合って読む姿が前よりも多くなりました。

提案

理科教育のための
ビブリオバトル

室蘭工業大学しくみ情報系領域准教授　須藤秀紹

ビブリオバトル実践までの経緯

　ビブリオバトルは本を素材として用いることから、小学校や中学校といった教育現場では、国語や語学の授業で活用されるケースが多いように思います。しかしながら、本が持つ力とビブリオバトルが持つ柔軟性を考えれば、他の教科においても十分に効果的な導入が可能です。本稿では、私が所属している理系国立大学が主催している小・中学生向けの公開講座にビブリオバトルを導入した事例を紹介し、さらに「理科」の授業への導入可能性について議論したいと思います。

　国立大学法人室蘭工業大学では、毎年、小・中学生向けの公開講座を「室工大サイエンススクール」※と題して実施しています。開講されている講座のメニューを見ると、簡単な電気回路実験やロボット教室など、工学系大学らしい内容が並んでいます。

　そのような状況の中、数年前から、このメニューにビブリオバトルを使った講座を加える試みを続けています。「文系」「理系」というラベルづけへの疑問と、本を通じて子どもたちに工学分野の仕事に興味をもってもらいたいという、理科読活動の原型のような思いがスタート地点でした。

　現実には、既存の講座に文化の異なるプログラムを加えることは、当初考えていたよりずっと難しく、2013年度の構想から2015年度の開講まで、実に足かけ3年もかかってしまいました。

　2013年度室工大サイエンススクールでの開講を目指し、「図書館クエスト×ビブリオバトル」という企画を下記の概要で計画しました。

※ 室工大サイエンススクール http://www.muroran-it.ac.jp/guidance/r_so/ss_mit.html

---

1　講座名　図書館クエスト×ビブリオバトル（全2回）
2　企画概要
　はじめに室蘭工業大学附属図書館の利用方法を学んでもらいます。つぎに参加者は、与えられたテーマの本を探して読み、お気に入りの一冊を見つけます。その後、中島商店会コンソーシアムに移動して、市民を含めた聴衆の前でその本を紹介します。最後にどの本が一番読みたくなったかを参加者全員の投票で決定します。大学の図書館にある理系書に親しんでもらうことによって、科学に対する興味を喚起して、

理系思考の児童、生徒を育てます。また本を使ったコミュニケーション・ゲーム「ビブリオバトル」を知ることで読書への興味を促します。
3　対象　中学生～高校生
4　定員　10名、保護者同伴可。※同伴者は定員に含めません。
5　日時
第1回　平成25年8月9日（金）10:00～16:00　（昼休みを1時間程度とります）
第2回　平成26年1月9日（木）10:00～16:00　（昼休みを1時間程度とります）
6　場所　室蘭工業大学附属図書館
　　　　　※後半：中島商店会コンソーシアム
7　講師　室蘭工業大学教員　須藤秀紹
　　　　　外部講師　2名（ビブリオバトル北海道より派遣）
8　参加費　無料

「大学付属図書館の利用方法を学ぶ」という活動が含まれていることから、対象を中学・高校の生徒に限定しました。これは「本学付属図書館職員の蔵書を考えたとき、小学生の興味を惹きそうな本はそれほど多くない」という図書館職員のアドバイスによるものです。アドバイスをくれた図書館職員は中学生に関しても、彼らが本学図書館の蔵書に興味を持ってくれるかどうかについて不安を持っていました。しかし、大学付属図書館という「ちょっと背伸びした環境」で、普段よりも少しだけ難しい書物に触れることが、彼らの学習意欲によい影響を与えるに違いないと判断し、中学生は対象に加えることにしました。

予定していた当日のスケジュールは次の通りです。

10:00～10:30　大学付属図書館職員による図書館ツアー
　　　　　　　（中学生・高校生も使える大学付属図書館）
10:30～11:00　図書館の中を探検して、「発見・発明」に関する本を探す
11:00～13:00　読書の時間
13:00～14:00　休憩、中島商店会コンソーシアム「ほっとなーる」に移動
14:00～14:30　ビブリオバトル・ミニ講座
14:30～15:00　発表の準備
15:00～16:00　ビブリオバトル体験

しかし残念ながら、市内全小・中学校に案内を出したにも関わらず参加申込みが最低実施人数に満たず、この企画は中止となってしまいました。工学系大学の講座と「図書館（読書）」のイメージがうまくリンクしなかったことが原因ではないかと分析しています。小・中学校の年間行事と、大学図書館側のスケジュールをうまく調整できなかったことも失敗の一因でした。

サイエンススクールの実現

　この反省から、市内小学校でビブリオバトルに取り組まれている先生方との連携を深めて参加者を募りました。そして、子どもたちが地元工業大学と接点を持つきっかけとなり、さらにビブリオバトルそのものに親しんでもらえるように計画を練り直しました。そして、2015年度室工大サイエンススクールに、次のような概要での開講を提案しました。

```
1　講座名　ビブリオバトルを楽しもう
2　企画概要
　　本講座では、小・中学校の授業にも取り入れられつつあるビブリオバトルを体験します。はじめにルールの説明を聞き、続いて実際にゲームを楽しみます。また、ゲームをより楽しむためのコツや、話し方のポイントについても説明します。
3　対象　小学校3年生〜中学生
4　定員　10名、保護者同伴可。※同伴者は定員に含めません。
5　日時　（1）平成27年7月4日（土）13:00〜15:00
　　　　　（2）平成27年7月18日（土）13:00〜15:00
　　　　　（3）平成27年8月22日（土）13:00〜15:00
　　　　　（4）平成27年10月24日（土）10:00〜12:00
6　場所　中島商店会コンソーシアム
　　　　　「ほっとなーる」
7　講師　室蘭工業大学 教員　須藤秀紹
　　　　　外部講師　2名（ビブリオバトル北海道より派遣）
8　参加費　無料
```

　対象を小学校の中高学年〜中学生とし、多くの子どもたちが参加しやすいように、前回の計画よりも全体の時間を短くしました。その結果、講座中に本を探して読む時間が確保できなくなったので、事前に参加者全員に、自分のお気に入りの本を数冊もってくるように伝えました。
　当日の流れは次の通りです。

```
13:00〜13:20　ビブリオバトル・ミニ講座
13:20〜14:00　話す内容をまとめよう（ワークシートを使った作業）
14:00〜15:00　ビブリオバトル体験
```

　講座の冒頭で「工学って何かわかる？」と問いかけると、「機械」や「電気」といった答えが返ってきます。ここで私がビブリオバトルを研究テーマとして扱っていることを話し、「コミュニケーションの仕組みをつくることも工学分野の仕事なんだよ」と説明することで、この分野へ

の興味を促しました。

　市内小学校の先生方の協力もあり、第2回目からは開催に必要な参加者を集めることができました。印象的だったのは、くり返し参加してくれるリピーターの子どもたちがいたことです。学校の行事ではなく、また誰かに強制されたわけでないのに「参加したい」と思ってくれたことをうれしく思いました。はじめは参加者を集めるのに苦労したけれど、徐々に参加希望者が集まるようになってきたことは、一度体験すればその楽しさがわかるビブリオバトルの特徴をよく表していると思います。

　子どもたちが持ってきた本を見ると、事前の予想に反して物語や小説は意外に少なく、多くがSFやファンタジー、歴史資料に関するものでした。これは、「サイエンススクール」という講座名が図らずも影響したと推測できます。具体的なテーマを設定しておけばさらにサイエンススクールらしい企画になっていたのではないかと考えており、今後改良を加えていく予定です。

「理科読」に向けて

　理科読は「読書や読み聞かせに科学の本を」という活動です。読書と理科学習とを結びつける活動として注目を集めつつあります。工業大学主催のサイエンススクールにビブリオバトルを導入する試みは、まさに理科読を促進するための活動といえます。ここではサイエンススクールを実施して気づいたビブリオバトルと理科読との関係についてふれたいと思います。

　中学校の理科では、生物、地学、物理、化学、自然科学の導入などを学びます。最近の教科書は図解や写真が豊富に使われ、また楽しく読めるようにさまざまな工夫が凝らされています。しかしそれでもなお、だんだんと抽象的になっていく学習内容に苦戦している生徒は多く、また教科書の内容が理解できた生徒にとっても、学習した内容と現実世界との接点を見つけることは容易ではないようです。

　そのような状況の中、自発的に「関連する資料」を探し、それらを学習内容と結びつけて考えることによって、より深い理解を促すための仕掛けとして、ビブリオバトルは有効に作用すると考えられます。そのメカニズムについては、本書の中でも多くの方が事例とともに語って

くれているので、そちらに譲ることにします。

「楽しさ」や「面白さ」を他者に語るためには、当然のことながらまず自分自身がそれを好きになる必要があります。しかし、学校（授業）でのビブリオバトルの様子を見ると、必ずしも好きな本を紹介する子どもばかりではなく、「授業だからしかたなく」と数ページ流し読みをしただけの本を紹介していると思われる子どもたちが少なからず見受けられます。これは本来望ましいことではありませんが、完全に否定するものでもないと考えています。

もともと、そういう子どもたちは「この分野（理科）で自分が好きなもの・ことは何か」という認識が希薄である場合が多いと考えられます。そんな子どもたちにとって「私が勧める本はこれです」と声に出して宣言することで、改めてそれが本当なのかどうかということに向き合うきっかけになるからです。このような子どもたちの内省の営みは、全ての教科において有効だと考えられますが、「理科離れ」が進む現状においては、食わずぎらいをなくす手立ての一つとして、理科の授業への導入の意義は大きいといえるのではないでしょうか。

「理科読」のためのテーマの選び方

ビブリオバトルは、「適切な本を探す」「内容を理解する」「他者に説明できるようにまとめる」「まとめた内容を言葉で説明する」という構造が、そのルールの中に内包されています。そしてゲームという形態をとることで、この過程が自発的に行われるように設計されています。

このとき「テーマ」という緩やかな制約を与えることによって、子どもたちに本を選ぶ際の指針を示すことができます。それによって子どもたちは与えられたテーマに対して、自ら本を選び、内容を理解して、他者に説明できるようにまとめるというように積極的に関与することになります。これはまさに思考を活性化する学習活動であるアクティブ・ラーニングの姿そのものではないでしょうか。

教科に関連した適切なテーマを与えることによって、子どもたちは教科書の範囲を超えて関連分野の書籍を手に取ることになります。このことが、より深い知識と出会う機会になります。また、学校で習ったことと、現実社会との思わぬ接点を発見することになるかもしれません。

では、学校でのビブリオバトルにとって、子どもたちの能動的態度を引き出すテーマとはどういったものでしょうか。ビブリオバトルのテーマは、あくまで「本の選び方に指針を与えるもの」であって「選ぶ本を制限するもの」にすべきではないと考えています。「図書室のこのコーナーの中から」とか「○○文庫の××シリーズの中から」といった制約は、手っ取り早く「模

範解答的な」本を選んでもらうのにはよいかもしれませんが、生徒たちの内発的学習態度にはマイナスに影響すると考えられます。本選びの過程でも、これまで学校で学んだ知識を総動員して関連性を見つける態度が引き出せるテーマが望ましいと考えられます。

例として、中学校1年生を想定した、理科読のためのビブリオバトルのテーマ案を紹介します。

テーマ案1：「エネルギーについて考えよう」
想定される本の分野
- 電気工作
- エコカー（ハイブリッドカー、電気自動車関連）
- 再生可能エネルギー（風力発電、太陽発電など）
- 原子力発電、地熱エネルギー、バイオマスなど
- 化石燃料のでき方
- エネルギー問題（社会科学系）
- 科学者の伝記

テーマ案2：「地球の不思議を探そう」
想定される本の分野
- 火山、噴火
- 地震（発生のメカニズム、地震波、火山、耐震技術）
- 気象、海洋関係
- 動植物に関する資料的書籍（図鑑、事典など）
- 写真集（植物、動物、自然環境）

このようにテーマを設定しても、期待していた内容とはまったく無関係に見える本を選ぶ児童・生徒が出てくるかもしれません。そのような場合でも、本人が「関連性」を見いだしたのであれば、それを受け入れるのがよいでしょう。このような子どもたちも、周りの子たちが選んだ本と比較することで、自ら「適切な本」を学んでいるはずです。その結果、時間はかかるかもしれませんが、選ぶ本が少しずつ変わってくることが期待できます。ですから、なるべく早く次の機会を作ることも大切です。つまり、年に一度の大きな大会よりも、身近な対戦のくり返しがより効果的なわけです。

また授業での実施では、本当によい本が生徒たち自身によって高く評価されるような雰囲気作りの工夫も必要かもしれません。もちろんこれは、やりすぎると教員によるトップダウンな誘導になってしまう恐れがあるので、とても難しい作業です。

●授業での雰囲気作りに有効だと思われるコメントの例
・「これ面白いね」「いいね」という評価のコメントではなく、「こないだの授業でやった〇〇

と関係あるよね」といった、客観的事実の提示によって、興味を持ったという意思を表示するコメント。
・「これを読むと、○○のことが理解できるかもね」という有用性を指摘するコメント。
・「○○君の言っていた○○は、実は授業でやった○○と関係あって……」という解説を補足するようなコメント。

「先生の一言」は生徒にとても大きな影響を与えることがあります。上の例にとらわれることなく、生徒の自主性を尊重しつつ、場にふさわしい本を自分で選ぶことができるようになる指導を心がけてほしいと願います。

「ビブリオバトルを楽しもう！」ワークシート

参考までに室工大サイエンススクールで使っているワークシートを紹介します（次ページ）。このワークシートの左半分は「3分間話すための材料集め」、右半分は「時間の使い方の設計」のために使います。目安として、左面に10分、右面に20分ぐらいの作業時間を想定しています。

右面は、読み上げ原稿にならないように箇条書きで記入するようになっています。また必ずしも話すとは限らない内容も全て書いてもらいます。あくまで個人的なメモであり、採点や評価はしないので、自分がわかるように書けばよいと伝えます。

シートがある程度埋まったら、「これだけは絶対に話したい」と考えている項目の頭についている□マークにチェックをするように指示します。これは、話す内容の優先度を決める作業です。

「最後にひと押し」の欄は、残り時間が20秒ぐらいになったら話す内容を書いておくために使います。実際には時間が余ってしまったときに話す内容のメモとして使います。子どもたちには「プレゼンテーションの最後で伝えた内容は聴衆の記憶に一番強く残る。上でチェックした項目の中から選んでもよい。一度話したことのくり返しでもよい」と伝えます。この欄を書いておくことで、子どもたちの制限時間に対するプレッシャーがかなり軽減されるようです。実際、多くの子どもたちがこの欄をとても上手く利用してくれます。

※次ページのワークシートはＡ３に拡大してご利用ください。

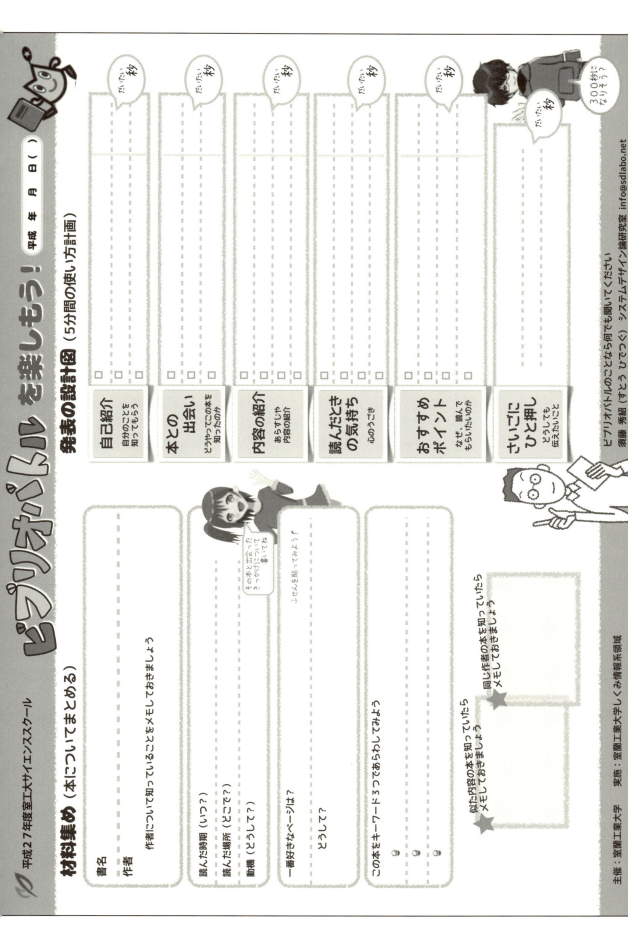

図書館での実践

名古屋大学リーディング大学院推進機構本部
特任助教　飯島玲生

子ども司書の
ビブリオバトル体験

子ども司書講座開催

　愛知県一宮市立中央図書館では、平成27年度に、読書推進リーダーとなる一宮市の小学生を養成することを目的に、全5回の講座で構成される「子ども司書講座」を開催しました。子ども司書講座では、図書館や司書の役割を学ぶとともに、ポップ作りや図書館での本の管理や補修を行うなど、司書が関わる仕事を体験するカリキュラムで構成されています。本稿で紹介するのは、読書推進活動を促す有力な方法を身につけるために、第3回目に開催された「ビブリオバトルをやってみよう！」という講座です。

	平成27年度　愛知県一宮市立図書館子ども司書講座 第3回「ビブリオバトルをやってみよう！」
日時	2015年8月26日（水）
場所	愛知県一宮市立中央図書館
対象	愛知県一宮市内の小学6年生14名（男性：3名、女性：11名）
講師	飯島玲生
内容	10:00～12:00 ビブリオバトルの説明ビブリオバトルの発表準備 13:00～14:00 ビブリオバトルの実践

　応募者多数のなか、子ども司書講座の受講生となったのは14名の小学生でした。子ども司書講座に応募する児童ということで、本への関心が高いことを予想していましたが、実際の講座において、少しでも休憩時間があれば持参した本を読む児童が多くみられ、いずれの子どもも読書好きであることがうかがえました。

　今回の講座実施のねらいは、ビブリオバトルを活用できるようになることです。子ども司書講座の受講生は、学校や地域の図書館での活動を通して、読書推進の一役を担うことが期待されています。そうした背景から、本の楽しみ方の1つの手段として、ビブリオバトルを知り、ビブリオバトルを実施できるようになることを目標として講座を行いました。そのため、たとえば学校の国語の教科の中で「話す力」や「聞く力」の指導のために行うビブリオバトルとは異なり、発表内容の評価を行うことはあまり重視していません。本を読むだけでなく、本を読んで感じたことを話すなかで、「楽しい」と思う体験をすることが重要であると考えていました。

なぜなら、本を語ることに楽しさを感じた子どもであれば、その楽しさを他の子どもにも伝えられると、期待できるからです。

一方、小学生へのビブリオバトルの導入に際して、5分間の発表内容を組み立てて話すことは容易なことではありません。実際の講座では、本を読み、本の内容を他の人に話すという一連の過程について適切な補助が必要だと考えています。ビブリオバトルが盛んに活用されている高等学校や大学などの生徒・学生とは異なり、小学生にとっては年齢や語彙力(ごい)の点から、5分間の語りが困難であるという事例が多く報告されています。

そこで、今回のビブリオバトル講座では、子ども司書に対して、ビブリオバトルの導入が円滑に行われるように、本の内容を理解して人に紹介するという過程を段階的に可視化するという方法をとりました。具体的な手順や方法は、後述する「ビブリオバトルのブラッシュアップワーク」(p.50図1)として、紹介をします。

ビブリオバトル実践にあたって

子ども司書講座では、1日かけてビブリオバトルの講座を行いました。全体の構成は、午前中の2時間にビブリオバトルの説明とビブリオバトルの発表準備の時間をとり、午後に実際にビブリオバトルを行うというものです。通常、一般向けのビブリオバトルの講座では、ビブリオバトルのルールやコンセプトの説明をした後に、すぐにビブリオバトルを行う事例が多くみられます。しかし小学生を対象としたビブリオバトルの導入では、最初から5分間の発表を行うことは難しいと考え、この講座では発表の準備をする時間を設けました。

講座の最初にはビブリオバトルのルールや基本的なコンセプトを説明しました。各自が「面白い」と思った本を紹介することや、原稿は使わずに自分の言葉で話すことが重要であることを強調しました。また、今回は司書講座であったために、ビブリオバトルの広がりや活用事例なども含めて説明をしました。

次の発表準備の時間では、「本の内容を理解し、話す内容や話す順序を考える」、「発表する」という一連のことを、ビブリオバトルのブラッシュアップワーク(p.50図1)という手順の中で、段階的に行いました。

具体的には、
(1) 本の内容を書き出す
(2) 二人組を作り、お互いの本を紹介する
(3) 本の発表内容を整理する
という3つの段階を順々に行いました(p.50図2)。各過程において必要であった時間も記載しています。

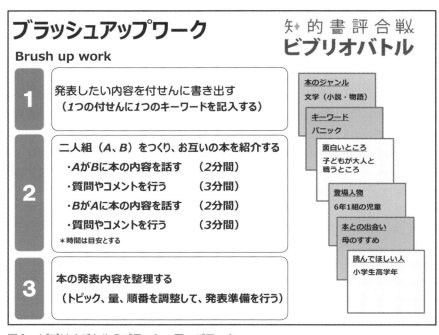

図1：ビブリオバトルのブラッシュアップワーク

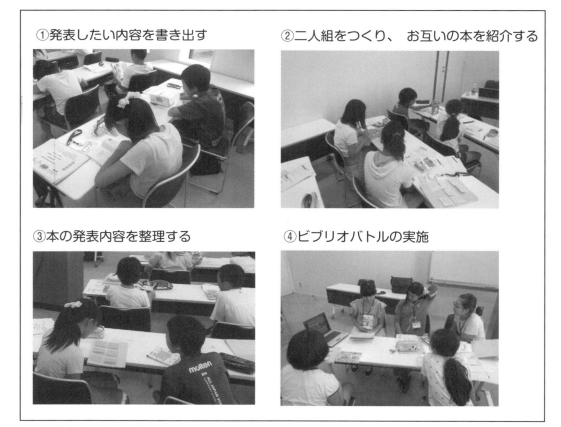

図2：ビブリオバトルの講座の流れ

（1）発表したい内容を書き出す（20分）

　まずは、本の要点を1枚の付せんに1つのキーワードという形で書き出します。話す内容として、本のジャンル、あらすじ、登場人物、本との出会い、面白いところ、読んでほしい人などがあることを例示した後に、発表したい内容をトピックス毎に記入してもらいました。

　ビブリオバトルは自分の言葉で話すことを重視しているため、発表が原稿読み上げとならないように注意が必要です。付せんに長い文章を記載してしまうと、発表時に付せんの文章を読み上げてしまうために、付せんには簡潔なキーワードを記載するように指示するのがよいでしょう。

　実際の講座では、参考になるような書き出しの内容があれば、全員に紹介する形で共有するようにして、各自が本の内容を多く書き出す補助を行いました。この活動には20分～30分程度の時間を取れば十分です。

（2）二人組を作り、お互いの本を紹介する（15分）

　次に、二人組を作って、各自が本の内容を短い時間（2分程度）で紹介し、コメントをもらうという時間を設けました。この手順を踏むことによって、自分が話す内容を整理するとともに、他の人のコメントから発表の中で聞き手が気になった点や自分が話していない内容を確認することができます。

　また、他の人の発表を聞いてコメントすることによって、発表を聞く立場に立って、知りたい本の内容を考えることも可能です。付せんにキーワードを書き出す段階で、発表する内容の分量が十分だと感じていた児童も、実際に本の紹介をしてみて、話す分量が足りないことに気づくということもありました。

　実際の講座では、話の内容や話の組み立てについて、各自がいろいろなことに気づきます。講座ではそうしたことをできるだけ全体で共有するように心がけました。たとえば、本の紹介の最初に大まかなジャンルと概要を伝えると、その後の本の詳細な内容や、面白いと思った点についても理解してもらいやすいことに気づいた児童がいた場合は、そのことを他の児童にも共有するようにしました。

（3）本の発表内容を整理する（20分）

　最後に、他の人からのコメントを参考にして、本の発表内容を整理する時間を設けました。本の内容について1つ1つの付せんに記載されているため、付せんを移動させることで可視化しながら、トピック、量、順番の整理をすることができます。

　2分間話すことができなかった場合には、コメントや他の人が話した内容を参考にして話す内容を増やしていました。一方で、2分間を超えて、半分以上の内容を残している場合には、話す分量を調整する必要があることがわかります。

　また、相手に本の内容を理解してもらう上で、話す内容の順番はとても重要です。たとえば、親子の話に関する本で、父と子の実際のやり取りを説明されたときに、これが自伝か、現代小

説か、ファンタジーなのかで、本の概要の理解に大きな違いが生じます。児童たちは本の内容が伝わりやすい順番を考えながら、付せんを入れ替えて、発表する内容の整理を行っていました。

ビブリオバトルの実践

　第3回子ども司書講座の午後の時間には、14名の小学生を4つのグループに分けてビブリオバトルを行いました。各テーブルには発表や質疑応答の時間を測定するタイマーを設置しました。また、ビブリオバトルは自分たちで開催することができることを実感してもらうために、ビブリオバトルの進め方シート（図3）を配って、基本的な司会進行は各児童で行うように指示しました。

　実際の発表では3分間程度で終わってしまう発表もありましたが、5分間を話しきる児童もいました。質疑応答の時間では、紹介した本の内容だけでなく、発表者の個人的な興味に対しても質問をしていたことが印象的でした。

図3：ビブリオバトルの進め方シート

講座を終えて

　今回の講座はビブリオバトルを知ることや体験することを重視していたために、各児童にはビブリオバトルに対する理解度や、ビブリオバトルの活用方法を問うレポートが出されました。講座後に各児童が提出したレポートの内容を紹介します。

　ビブリオバトルの発表については、「伝えるのが難しかった」「5分間スピーチし続けるというのは意外と長くて大変でした」という声があがっており、発表の困難さを感じた児童もいました。また、質疑応答の時間については、「質問の時間のとき、面白い質問や回答がいっぱいあって、とても楽しかった」という意見もあり、ビブリオバトルでのコミュニケーションを楽しんでいる様子がみられました。

　他の人の発表については、「みんながおすすめする本に興味をもった。本を借りて、さまざまなジャンルの本に目を向けようと前より思った」「自分の好きな本がわかった。みんなの発表した本をぜひ読んでみたくなった」「みんなこんなに本を読むと思っていなかった」という記載があり、他の人の発表に興味を持ったという感想が多くありました。

　今後のビブリオバトルの活用については、「一宮市の図書館や、学校の授業にビブリオバトルを取り入れればいいと思う」「この企画をいろいろな場所で開催したり、小学校、中学校で行うと、保護者にも伝わり、広がるのではないか」「小さい子もできるように、本の面白さ、楽しさなどを伝えたりすればみんなが楽しくやれると思う」という意見がありました。子ども司書という立場でどのように活用できるかを考えている姿勢が見受けられました。

　愛知県一宮市立中央図書館の「子ども司書講座」担当の司書は、「講座のねらいはビブリオバトルを知ってもらうことであり、十分に目的を達成できたと考えている。何よりもビブリオバトルを実施しているときに児童が笑顔であったことがうれしい。各児童にとって大きな影響があったと思う」というコメントがありました。

考察とまとめ

　小学生がビブリオバトルで発表する場合は、年齢や語彙力の点から、5分間の語りが困難であるという課題がありました。今回導入したビブリオバトルのブラッシュアップワークにおいても、二人組を作り2分間で本の内容を話す過程では、2分間でも十分な内容で話すことができない場合が多くありました。

　しかし、その後の実際のビブリオバトルの発表では5分間近く話す児童が増え、短い時間での本の発表と、発表に対するコメントをもとに発表内容を再構成する過程に、一定の効果があったと考えられます。

　今回は1時間程度の短時間で実際に話す内容を準備することができました。学校でこのようなビブリオバトルを継続的に行えば、児童の「話す力」の向上に役立つのではないかと思います。

　また、受講生の感想の中で印象深かったのが、多くの児童が他の児童の発表を聞いて、さま

ざまな本に対して関心を示していた点です。自分が興味を持っている本を読むだけではなく、ビブリオバトルを通して他の人の興味を知り、自分の興味とは違うジャンルを知ることで、さらに自らの興味を広げていくことが期待できると思います。

　学校や地方自治体では、「子どもたちにお薦めしたい本」をまとめて提示するという取り組みが実施されていますが、大人から提示するだけではなく、児童が興味の持った本を他の児童に「お薦めしたい本」として提示できるビブリオバトルは、読書推進活動としても効果的ではないでしょうか。

　また、本に興味を持つきっかけは多様になってきているため、必ずしも学校側や教員から子どもに本を薦めるだけでなく、学校、地域、家庭など、さまざまな関係性の中で面白い本を薦め合うというやり方も有効にはたらくと思います。

　今回は司会を発表者に委ねることでビブリオバトルを気軽に開催できることを体感してもらいました。終わった後に「学校でもやってみたいと思いました」という感想もあり、面白かった本を人に薦めるということが広がっていくきざしがみえました。今回の講座の受講生のように、本が好きで読書に興味・関心が高い子どもを中心にして、読書によるコミュニケーションや学びを他の児童に遡及していく取り組みにも大いに期待できると考えています。

※協力：愛知県　一宮市立図書館　中央図書館

第3章

中学校での実践

ビブリオバトルで開かれた読書活動へ

岩見沢市立明成中学校教諭　佐伯郁代　　岩見沢市立上幌向中学校教諭　金子智里

ビブリオバトル実践までの経緯

子どもたちの現状

　学校図書館は、学びの場であるとともに、自由な読書活動の場として、子どもたちの成長を支える重要な役割を担っています。学校教育においては、「生きる力」を育むことを目指し、基礎的・基本的な知識・技能を習得させ、これを活用して課題解決に臨む態度を養うため、言語活動を充実することが求められています。そのため、各教科の授業において、学校図書館の利用・活用を図り、読書活動をいっそう充実させることが必要になるでしょう。

　そこで、読書活動を充実させるための仕掛けとしてビブリオバトルの活用を試みました。活用場面は、「授業」と「委員会活動」が想定されます。

　ビブリオバトルで発表を行う場合、プレゼンテーションの力が問われます。聴衆を引きつける論理的な話術は、大人になっても必要な力です。国語科において「話すこと・聞くこと」の領域は、小学校から系統だってスピーチやディスカッションなどを学んできています。しかし、子どもたちの実態は、「人前で話すことは苦手である」という意識が強く、「何を話してよいのかわからない」子どもたちもいます。授業では「与えられた課題」で、「与えられた時間」を消費するためのスピーチでしかないのです。それでは、苦痛でしかありません。授業以外の場面（休み時間や給食時間）では自分の趣味や考えに対しては、目を輝かせて話せるのです。

　従来のスピーチなどには、原稿を書くというこれまた苦しい作業が伴いました。これらの子どもたちにとってハードルだった部分を取り除き、人前で話をするスキルを身につけることができるという点で、ビブリオバトルは注目したい教材でした。

授業との関連

① 「言語活動を通して知識・技能を活用させ、思考力・判断力・表現力を育むための手立て」として、ビブリオバトルを「本を紹介するコミュニケーションゲーム」として捉えると、ビブリオバトルを行うなかで、生徒は「目的意識」〈本の魅力を伝える〉と「相手意識」〈聴衆に語りかける〉をもって、活動に取り組むことができます。

　ビブリオバトルを国語の授業で行う際の指導項目は、「話すこと・聞くこと」が中心となり、それを支える力としての「読むこと」が必要となります。

　ビブリオバトルのポイントの一つは、チャンプ本を決定するところにあります。話し手は、

「チャンプ本に選ばれたい」「選んだ本の魅力を伝えたい」「この本の面白さを伝えたい」と、相手や目的を意識した活動を行うことができます。その目的を達成するためには、聞き手を想定して、わかりやすく・構成・展開を考えたプレゼンテーションを行う必要があります。

聞き手は、評価する活動を通して、自分や他の発表者のプレゼンテーションを比較しながら、意識的に聞かなくてはなりません。その評価が、主観に偏ることや人間関係に影響されないよう、評価の観点を事前に明確に伝えることは授業化する中で重要です。

以上のことから、ビブリオバトルという「言語活動」を通して、読書活動を通して得た「知識」とプレゼンテーションの「技能」を活用させ、チャンプ本を選ぶ・選ばれたいということにより、「思考力」・「判断力」・「表現力」を育むことができると考えます。

②学力の３要素の一つである「思考力・判断力・表現力」の育成が叫ばれる中、次期学習指導要領の改訂では、「アクティブ・ラーニング」と「クリティカル・シンキング」が本格的に学校教育に導入されるようです。

「アクティブ・ラーニング」のねらいは、「学習者が受動的な学びのスタイルから、能動的な学びに転換すること」とされています。

「クリティカル・シンキング」を一言で言えば、「物事を多様な視点から考察すること」です。これを支えるための三要素が、「多面的・多角的視点〈ほかの考え方はないか〉」「論理的思考〈筋道が通って、わかりやすいか〉」「メタ認知能力〈本当にこれでよいか〉」といわれています。

ビブリオバトルでは、おすすめの１冊を決定する際、能動的に、また多面的・多角的視点を持ち、本を選びます。その本のプレゼンテーションを通すために、論理的思考がなされます。チャンプ本を決定するプロセスやプレゼンテーションを聞いた後の質疑応答で、メタ認知能力が育成されると考えます。

以上のことから、ビブリオバトルは、「子どもたちから多様な考えを引き出すことができる」、「考えを深めるための対話活動がある」、「学習活動のすべ・手立てがある」、「子どもが学びをふり返り、学び方を自覚する」などの点で、よい教材となり得ると考えます。また、ビブリオバトルのプロセスには「学習者による問の創出〈問題や課題意識〉」「交流」が組みこまれていることも、質の高い学びを作ることができる教材であると考えます。

ビブリオバトル実施のきっかけ

　岩見沢市内の教職員の資質向上・授業力向上を目的とした学習会の「学校図書館」に関するグループ内で、「子どもの読書活動の推進」、「学校図書館で行う授業」について研究を進めてきました。その中で2013年度から「ビブリオバトル」を実際に教員が体験し、その実施方法などを学び、授業で実践を重ねてきました。

　この活動を通して、まず教員自身がビブリオバトルを「楽しい」、「ぜひ、子どもたちにやらせてみたい」と感じました。そして「今紹介された○○な本を読みたい」と、まさに「人を通して本を知る、本を通して人を知る」を体感しました。学習会終了直後やその後の学習会でも、紹介された本のタイトル、筆者に関しての話など、普段よりも会話が弾み、コミュニケーションの広がりを実感できました。さらに、紹介された本を購入したり、借りたりして、普段は手にしない本を手にとるなど、読書活動の幅に広がりがみられました。「こんなに楽しいことを子どもたちにも体験させたい」、子どもたちの「コミュニケーション能力」、「読書活動の推進」の一助となり得ると考え、授業化することにしました。

授業にむけて

教材化の視点

　読書活動による「読むこと」を踏まえたうえで、今回の実践ではプレゼンテーションの「聞くこと・話すこと」や効果的な言語の使い方をねらいとする。

（1）教材名
　教材：印象に残る説明をしよう〜プレゼンテーションをする〜
　コミュニケーションゲーム「知的書評合戦　ビブリオバトル」の手法を用いた実践

（2）指導目標
①プレゼンテーション（ビブリオバトル）に積極的に参加することによって、ものの見方や考え方を広げることができる。【関心・意欲・態度】
②自分の考えをまとめ、話の中心的な部分と付加的な部分に注意し、論理的な構成や展開を考えて話すことができる。【A話すこと・聞くこと（1）イ】
③他者の話を聞き、自分の考えと比較することができる。【A話すこと・聞くこと（1）エ】
④ものの見方、感じ方、考え方を広げたり深めたりすることができる。【伝統的な言語文化と国語の特質に関する事項】
⑤文の中の成分の順序や照応、文の構成などについて考えることができる。
　【伝統的な言語文化と国語の特質に関する事項】
⑥考えに基づいて説明や発表をしたり、それらを聞いて意見を述べたりすることができる。
　【A話すこと・聞くこと（2）ア】

（3）評価規準例

評価規準	関心・意欲・態度	話す・聞く能力	伝統的な言語文化と国語の特質に関する	書くこと	読むこと
	プレゼンテーション能力を育成するための指導				
単元の評価規準	・ビブリオバトルに積極的に参加し、聞き手を意識したプレゼンテーションを行うとしている。	・多様な方法で情報を集め、目的や聞き手にあわせて、材料を整理して、伝えたいことが明確な構成・展開を作ることができている。【話す聞く(1)アイウ】 ・他者の意見を聞き、自分の考えと比較することができる。【話す聞く(1)エ】 ・調べてわかったことや考えたことなどに基づいて説明や発表をしたり、それらを聞いて意見を述べたりすることができる。【話す聞く(2)ア】	・相手や目的に応じて、話の構成や話し方を工夫している。 ・ものの見方、感じ方、考え方を広げたり深めたりすることができる。		

（4）指導計画（表）例

次	時	学習活動	指導上の留意点	評価と支援
第1次	1	・ビブリオバトルを知る。 ・公式ルールを知る。 ・話し方のポイント（プレゼンテーションの技法）を知る。	・教師によるビブリオバトルのデモンストレーション。 ・プレゼンテーションの構成と技法の確認。	【関心・意欲・態度】取り組みの様子。 【話すこと・聞くこと】取り組みの様子。
第2次	2	・目的、相手を再確認する ・おすすめの本の情報を集め、整理する。	・既習事項をふり返る。 ・情報を整理、分類させる。 ・選書。	【関心・意欲・態度】取り組みの様子。 ワークシート。 〔言〕取り組みの様子
	3	・聞き手を想定して、話の構成を練る。 ・プレゼンテーションの構成や展開を工夫して話す練習を各自する。	・話し方の工夫。 （相手、言葉、主述など） ・展開の工夫・発声・スピード、間の取り方。 ・本を「見せる」など。	【関心・意欲・態度】取り組みの様子。 【話すこと・聞くこと】取り組みの様子。 ワークシート。 【伝統的な言語文化と国語の特質に関する事項】取り組みの様子。 ワークシート。
	4（本時）	・ビブリオバトルを行う。	・よいプレゼンテーションの流れ。〔本の魅力を伝える〕 ・場や状況や相手の様子に応じた話し方。 ・相手への質問、アドバイス。	【関心・意欲・態度】取り組みの様子。 【話すこと・聞くこと】取り組みの様子。 ワークシート。 【伝統的な言語文化と国語の特質に関する事項】取り組みの様子。 ワークシート。
第3次	5	・チャンプ本になったプレゼンテーションを確認する。 ・論理的な構成、展開について考え、交流する。	・聞き手を引きつける話し方。 ・内容を深める質問。	【関心・意欲・態度】取り組みの様子。 【話すこと・聞くこと】取り組みの様子。

実際の授業のようす

準備　教師　モニター、PC（ルール説明・タイマー）
　　　生徒　筆記用具、ワークシート

本時の展開

学習活動	指導上の留意点
○前時をふり返る。	・話し方の工夫。 　（相手、言葉、主述など） ・展開の工夫。 ・発声。 ・スピード、間の取り方。 ・本を「見せる」など。 ・よいプレゼンテーションの流れ。 ・本の魅力を伝える。 ・場や状況や相手の様子に応じた話し方。 ・相手への質問、アドバイス。
1．ルール、発表順、役割などを確認する。	・公式ルールを掲示する。 ・役割分担　①発表者　②タイムキーパー 　　　　　　③司会進行　④記録係 　　　　　　を交代で行う。
本時の課題　お気に入りの本を紹介し合って、チャンプ本を決めよう。	
2．グループごとに、 　　ビブリオバトルをする。 　　プレゼンテーション　（5分×4人） 　　　　　↓ 　　ディスカッション　（2分×4人） 3．どの本に投票するかを決める。 4．投票を行い、チャンプ本を決める。 5．投票した理由などを話し合い、交流する。 6．次時の見通し。	・基本的な話し方（プレゼンテーション）の工夫。 ・コミュニケーションとアドリブ。 ・聞き手を意識する。 　＊時間を余らせた生徒には、机間巡視をしながら、質問をして話を続けさせる。 ・内容を深めるよい質問。 ・発表者のプレゼンのよいところ、建設的なアドバイス。 ・魅力あるプレゼンテーションの確認。 ・聴衆を引きつけるプレゼンテーション。

授業を終えて

反省点・課題など

　ビブリオバトルは、聴衆に効果的なプレゼンテーションを行うために、原稿は持たずに行うことが原則となっています。国語科で、中学生を対象として行うには、事前にスピーチ内容のメモを作らせることが必要な生徒も多く見られます。質の
高いプレゼンテーションを行うためには、系統立てた指導の積み上げが必要ですが、ただでも人前で話すことをきらう世代なので、そこに力を入れすぎると「話すこと」や「書くこと」に抵抗を感じてしまいます。事前指導は、「発表に困らないように」することを目的に行うことが大切と感じました。

子どもたちの感想

　ビブリオバトルのゲーム性は、子どもたちに「話すこと」の抵抗感を薄めるのには効果的でした。

　また、積極的に「ビブリオバトル」に取り組んでくれました。「面白い」、「楽しかった」の感想が多く聞かれ、「次はいつやるの？」「またやりたい」という前向きな声もありました。

　授業後、紹介された本やチャンプ本を学級内に置いておくと、朝読書や休憩時間に手に取り読む姿が見られました。「紹介された本の中には、以前から気になってはいたが、読むきっかけを失っていたものがあり、今回のビブリオバトルをきっかけにさらに読みたい気持ちが強くなった」という感想もありました。図書館の本の貸し出しなども増えました。自分の趣味嗜好に偏っていた「閉じた読書活動」から「開かれた読書活動」へ移行のきっかけにもなったと感じます。

生徒の感想
時間が足りない。スピーチが難しい。本を読みたくなった。
普段手に取らない本を知った。人前で話すのは苦手だが楽しかった。
気になっていた本がさらに読みたくなった。紹介やおすすめのしかたが参考になった。
紹介された本のジャンルが人それぞれに違い、面白い本をたくさん知ることができた。
この人がこんな本を読むんだなあと思った。

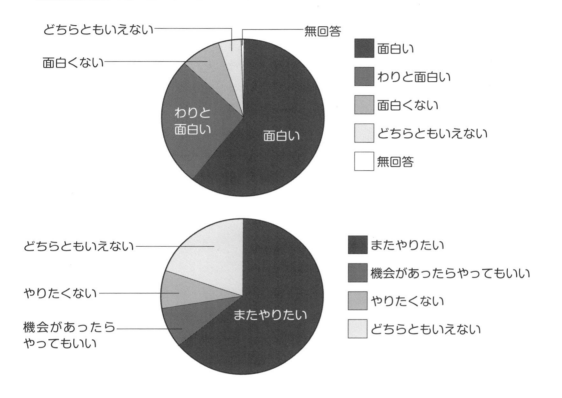

　以上のように、ビブリオバトルの授業には好意的な意見が多く見られました。

評価の方法

　評価規準による教員評価と資料②による生徒の相互評価を行いました。相互評価を取り入れた意図は、聞く態度を育むことと、チャンプ本をきめる際の記録を残すことで、ふり返りにもつながりました。また「審査用紙」を提示することで、子どもたちの中に客観的に評価する姿勢を持たせるという意図もありました。

資料①

ビブリオバトル　本の一覧表（本のタイトルは一例です）

〇年〇組

名　　前	紹介してくれた本の名前
	食べてはいけない添加物　食べても良い添加物（渡辺雄二）
	雑学の本（竹内均）
	ソロモンの偽証（宮部みゆき）
	名のないシシャ（山田悠介）
	既読スルーは詩をまねく（堀内光太郎）
	君の膵臓をたべたい（住野よる）
	乃木坂４６（秋元康）
	ブレーキ（山田悠介）
	大人も眠れないほど恐ろしい「グリム童話」（由良弥生）
	県庁おもてなし課（有川浩）
	ぼくが愛したＭＥＭＥたち（小島秀夫）
	村本論（村本大輔）
	超ミニ水族館（田畑哲生）
	俺物語！！（アルコ・川原和音）
	人狼ゲーム（川上亮）

※次ページの審査用紙は、Ａ４で使用しました。

資料②

「ビブリオバトル」審査用紙
年　組　番　審査委員名（　　　　　　　　　）

名　前	題　　名	内容 5点	声 5点	態度 5点	時間 5点	合計 20点

感想

※上記の用紙はあくまで生徒に「聞く態度」を促すために導入されているものであり、教科の評価シートではありません。

自由度100% ビブリオバトル
～伝えるって楽しい！

多摩市立多摩永山中学校学校図書館司書　中村誠子

ビブリオバトル実践までの経緯

子どもたちの現状

　本校学校図書館（以下、図書室）は日頃から利用者が多く、年間を通してさまざまな授業で活用されています。生徒の読書に対する意識も高く、1年間の図書室の平均貸し出し冊数は13.6冊で、家庭での数を含めるともう少し読書量は多いと思われます。

　一方で、それぞれの読書内容を見ると、よく読む生徒とそうでない生徒の質的な差が年を追うごとに広がっていく傾向にあります。ライトノベルやアンソロジーなど気軽に読める小説からなかなか抜け出せない子、特定分野に読書の興味が偏る子、外国小説が苦手な子などいろいろな生徒がいます。

　もちろん本を読むこと自体に意味がありますが、それで完結することなく、もっと幅広い世界を吸収する必要もあります。生徒たちにはこれまでの取り組みで培った、新しいことを柔軟に受け入れていく土壌がありますから、ビブリオバトルに対しても興味を持って前向きに取り組めると感じています。

ビブリオバトル導入のきっかけ

　図書室では年に1回「図書まつり」を開催しています。図書室の活動を理解し、足を運んでもらうきっかけ作りとして、また幅広い分野の本に触れる機会を増やすために、図書委員会が中心となってさまざまなイベントを行っています。生徒による本の読み語りや読書クイズ・栞（しおり）づくりのワークショップなどと合わせて、2年前からは教職員によるミニ・ビブリオバトルが実施されています。発表者は国語科教員と司書、聴衆は来館した生徒です。時間も限られているので"絵本"に限定して、生徒に読んでもらいたいお薦め本や思い出の1冊を紹介しました。

　イベントは毎回、図書室が生徒であふれ、バトルは大いに盛り上がります。生徒の反応も「面白い！」、「また見たい！」と好評で、何より発表者である私たち教職員が「ビブリオバトルは楽しい！」という思いを強く抱くようになりました。このことが、授業でもビブリオバトルを採り上げたいというきっかけとなりました。

授業との関連

　本校では3年前から「クリティカル・シンキングを意識した授業の実践」が提唱されています。クリティカル・シンキングとは、「批判的思考」とも訳されますが、「物事を鵜呑みにせず、多様な観点から論理的・客観的に考察すること」を意味します。そしてその実践のために、授業では次の3つの要素を重視しています。

> **クリティカル・シンキングの3要素**
> ▽多面的・多角的な視点　→　「ほかに考え方はないか」
> ▽論理的思考　　　　　　→　「理由がハッキリしていて、わかりやすいか」
> ▽メタ認知　　　　　　　→　「本当にこれでよいか」

　さまざまな資料や方法を比較したり、相手に伝わるよう工夫したり、偏った意見に固執していないかをふり返ったりなど、各教科の学習を通して、生徒は思考力・表現力・判断力を磨いています。これは読書活動の充実とも通じます。

　相手に読みたいと思わせることが大切なビブリオバトルでは、紹介する本のどこがどのように面白かったかをわかりやすく伝える論理的思考が求められます。さらに伝え方を考えていく上で、「もっと違ったアプローチはないかな」と、やり方を工夫していく多面的・多角的な視点も必要になってきます。また、自分がその本を好きである理由を人に説明できるように整理することや、聴き手に自分の想いが充分に伝わっているか反応を見ながら発表していくことは、メタ認知にもつながるのではないでしょうか。

　何より「友だちが紹介する本は面白い、読んでみたい」という気持ちが強い生徒たちです。同年代の仲間がどのような本を読み、その読書経験が彼らのどんな内面を形づくっているのかを知ることで、自身のより豊かな読書へとつながっていくと考えます。

教材化の視点

　これまでに読んだ全ての本から、ジャンルを限定せず「自由度100％」として人に紹介したいお気に入りの1冊を選び、5分間の発表を行う国語の授業としました。

　生徒たちはこれまでプレゼンテーションや弁論の学習から、人前で自分の意見を伝える経験を積み重ねています。クリティカル・シンキングの実践を踏まえ、本の紹介を通して「相手に届く伝え方・受け止め方」を肌で感じてもらいたいと考えています。

ビブリオバトル実践にあたって

導入方法　夏休み前、ビブリオバトルを２学期に実施することを予告しておく。
指導目標
①自分の紹介したい本を楽しみながら効果的に紹介できる。
②友人の本の紹介を聴き、よい点や工夫されている点に注目して評価できる。

指導計画

次	時	学習活動	指導上の留意点	◎評価と■支援
第1次	1	○ビブリオバトルについて理解する。 ○授業者の実演を観る。 ○自分の選んだ本について話したい項目を書き出す。	・班の代表を決め、その中からクラスのチャンプ本を選出するという授業の流れを理解させる。 ・授業者の実演を観てイメージをもたせる。	◎ビブリオバトルについての興味関心が高まったか。 ■ワークシートを使って説明する。 ■話したい項目をマッピングすることで話しやすくする。
第2次	2	○司書の実演を観る。 ○自分でためしにやってみる。	・司書作成のリーフレット「やってみようビブリオバトル」（p.72）を読みながら再度どのようにやったらいいのか考えさせる。	◎マッピングを見ながら５分間話せているか。 ■授業者と司書の実演を比べていろいろなやり方を考えさせる。
第2次	3	○２人ひと組でペアワークをする。 ○マッピングの追加やり直しをする。	・ビブリオタイマーを用意し５分を確認しながらペアでやってみる。 ・互いにアドバイスさせる。	◎読みたい気持ちにさせる発表になっているか。 ■質問が出なかったら補って質問する。
第2次	4（本時）	○お気に入りの本を班で紹介し合いチャンプ本を決める。 ○感想や質問を言い合い交流する。	・原稿は作らずに話させる。 ・前の時間からの流れを確認してチャンプ本を決定。 ・伝え合う楽しさについて知る。	
第3次	5	○各班の代表が発表し合いクラスのチャンプ本を決める。	・的確な質問に対して評価する。 ・会場の設定を工夫する。（図書室のいすの向き、ビブリオタイマーの設置）	◎読みたい気持ちにさせる本を、理由を明確にして選んでいるか。

実際の授業のようす

本時の授業記録

学習活動	指導上の留意点
1．ルールや発表順などを確認する。	・時間の流れを板書する。 （①練習　②発表　③チャンプ本の選出　④授業の感想を書く）
2．班ごとにビブリオバトルを行う（5人×6班、5分）。 ↓ ディスカッション（2〜3分）。	・授業者や司書が各班に入りながら、場合によっては質問を出してみる。 例「映画にもなっている本ですが、この本は映画よりも先に読んだほうがいいですか」 「一番好きだった場面は今言ってくれましたが二番目は？」 「タイトルと内容は関係あるんですか」
3．どの本に投票するかを決める。	・本を選ぶのであって、人を選ぶわけではないので、自分の読みたい本を選ぶように指示する。
4．投票を行い、チャンプ本を決める。	・発表の仕方への評価ではなく読みたい気持ちになった本を指差すように再度確認する。 （同数の場合はじゃんけんとする。クラスで決選バトルがあり各班1名の代表者を選ぶため、得票数が同じ場合はじゃんけんで決選進出本を決めた。悲喜こもごもの結果に、敗者からはもう1回チャンスがほしい、との意見も）
5．投票した理由などを話し合い、交流する。（※）	・各班のチャンプ本の題名と紹介した生徒名を発表する。 ・チャンプ本になった本について、選出の理由や感想を班の司会者を中心に話し合わせる。
6．次時の見通し。	・次の時間はクラスのチャンプ本を決めることを伝える。班の発表の時と本を替えても構わないことを伝える。

（授業者：国語科教諭　一ノ関真佐子先生）

※「なんとなく」の投票ではなく、クリティカル・シンキングの論理的思考に基づいて、発表のどこがどうよかったのかを具体的に話し合います。

　班の発表では、指差しでチャンプ本を選出した後に話し合いの時間を設けますが、クラス代表戦では、投票は投票用紙にて行い、そこに選出の理由も記入しました。

　人の発表のどんなところが評価されているか、感じ方に違いはあるか、また自分の発表が聴き手にどう受け取られたかを知る機会にもなります。

　緊張が解けリラックスした雰囲気の中で、本（と人）についての話で大いに盛り上がっていました。時間の使い方のうまさ、落ち着いて堂々とした話し方へも注目が集まりましたが、やはり紹介する本に対する強い想い入れが、聴き手を「読みたい！」という気持ちにさせたようでした。（実際の授業のくわしい様子は p.70）

評価方法について

▽ワークシートの記入から

①マッピングが広がりを持っているか。

②班の人への評価欄、感想欄に具体的に書けているか。

③授業のまとめのふり返りシートに自分の感想が前向きに書けているか。

▽班でのビブリオバトルでの様子から

①自分の紹介したい本について意欲的に話そうとしていたか。
　（国語への関心・意欲・態度）

②聴き手を意識し、自分の選んだ本について興味をひきつけて話すことができたか。また発表を聴いて本の内容を深めることができたか。（話す力・聞く力）

③作品のよさを表す言葉を的確に用いていたか。（言語についての知識・理解・技能）

※時間を意識しているか、5分間の制限時間の最後まで伝えようとしているか、机間巡視をしながら観察。チャンプ本に選ばれたかどうかは関係なく、発表までの過程を重視し、聴く姿勢や質問力にも着目。

授業を終えて

感想、反省点、課題など

　夏休みをはさんだので、生徒の心の準備がしやすかったようです。もう一度読み返したり、そのために新たに紹介したい本を求めて読んだりしている姿がありました。

　夏休み前の7月の図書まつりで国語科の教員と司書がミニ・ビブリオバトルを行ったので、9月の授業実施ではイメージが浮かびやすかったようでした。また、第1時と第2時に授業者と司書の実演を入れましたので、これもまた目標とする5分間のイメージが捉えやすかったと思います。班のチャンプ本やクラスのチャンプ本を生徒がその後借りていくなど、読書の広がりに結びつきました。「伝え合う」ことの歓びも高まった様子です。　（一ノ関）

　マッピング作業で思考の整理をした後、実際にビブリオバトルを始める前に、2人組でグループワーク（練習とフィードバック）の時間を取りましたが、時間数の関係で省いたクラスがあります。結果、生徒の発表内容や態度に少なからず違いがあったように思います。グループワークができたクラスは、5分間の使い方や目線の行方があきらかに安定していました。やはり回数を重ねるごとに場慣れして、よりよい発表になるというのは生徒も大人も同じです。これまでプレゼンや探究学習で「手直し」の時間を大切にしてきた生徒たちなので、練習・ふり返り・手直しの手順を本番前に組みこむのはビブリオバトルでも有効だと実感しました。ただし、臨場感を損ねない程度に、あくまでも授業の一環としてのやり方ですので、もし生徒たちが自主的に行う場合には、ぶっつけ本番のハプニングも楽しさとして味わってほしいと思います。（中村）

このような授業でした　一部ご紹介

まずは大人が

●先生・司書の実演
●ビブリオバトルとは

- ビブリオバトルについて説明。司書が作成したリーフレットを用いたり、タブレット端末でビブリオバトルの大会の様子を見せたりして概要を理解する。
- 先生と司書とが実演し、楽しさを伝える。

★リーフレット★
ビブリオバトルの公式ルールやポイントを入門編・実践編の２冊を作って生徒に配布（入門編は72ページ参照）

マッピングには慣れています

●発表の組み立て
●マッピング作業

- 発表の流れを考える時はマッピング（マインドマップ）を用いる。マッピングは、思考を整理し、発想を豊かにするための方法で、根幹となるテーマとそこから生まれた連想をつなげ、情報の整理や記憶がしやすくなる。話す内容を文章で考えておくよりもビブリオバトルには適していた。

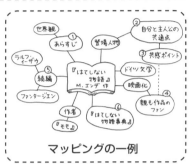

マッピングの一例

練習と手直しは大事

●マッピング練り直し
●二人組でグループワーク

- 二人組になって練習。やってみて初めて自分で気づくこともあり、人からのフィードバックも参考にしながらもう一度、発表の流れを見直す。

はじめは班の中でバトル

●班のチャンプ本を選出
●各班いっせいに発表

- ５分発表・２〜３分質疑応答で、各班いっせいにビブリオバトル開始。全ての生徒の発表が終わったら、指差しによりチャンプ本選出。班によっては全員がチャンプ本になったところも…。チャンプ本が複数の場合はじゃんけんにより班の代表を選ぶ。
- タイマーは全ての生徒から見える位置に設置。みんな５分使い切るのに苦労していた様子。

あっ、みんな違う！

●クラスのチャンプ本選出
●班の代表者が発表

- 各班の代表者による決戦バトル。班発表の時と本を変えてもＯＫとした。クラスのチャンプ本は記名による投票で、選出の根拠も明記して全員が提出。

頂点に輝いたのは…

本を通して人を知る、人を通して本を知る
友だちの意外な一面を知ったり、自分だけでは出会えなかっような本に出会えたりと、ビブリオバトルを通してそれぞれの世界が広がったことが実感できました。

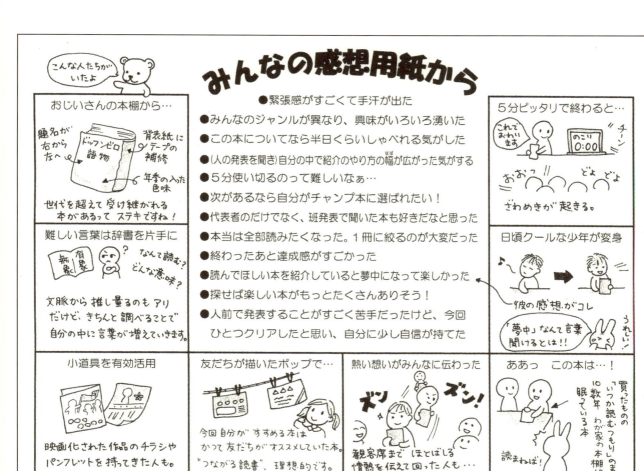

上記は子どもたちの感想です。

次ページをＢ４サイズに拡大して、上図のようなリーフレットを作ります。

ビブリオバトル　やってみよう ビブリオバトル

《入門編》

ビブリオバトルとは？

ビブリオ	バトル
「本の」	「戦い」

好きな本を紹介し合い、一番読みたくなった本を全員の投票で決めるゲームです。小学生から大人までできる、"本の紹介コミュニケーションゲーム"です。

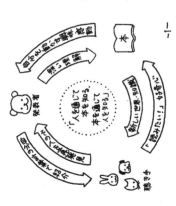

多摩永山中学校図書室　中村
2015.9

人を通じて本を知る／本を通じて人を知る

あなたがだれかのように、どこかで誰かれたたか、チャンプ本を選ぶための大切な要素です。自分が本当に薦めたい一冊を選びましょう。

"おじいちゃんの本棚にあったもの…"

"あらかじめ決められた課題図書の中から選ばない。「学校などで押しつけられた」ではなく、自分で見つけたい。ところが、あえて"自分で選ぶ"のが肝！"

- 本
- 好きな本を紹介
- 人を通じて本を知る／本を通じて人を知る
- 新しい本の世界へ
- 一冊の本から繰り返し紹介

発表者　　　　　聴き手

公式ルール① おススメ本を持って集まる

発表の技よりも大切なこと…それは「本や人と誠実に向き合う姿勢」です。発表者・聴き手双方がお互いを理解するための真剣に取り組み、勝負の時間を共有しましょう。

うまくまとまらなくても……
本当に伝えたいことさえちゃんと語れば相手の心に届きますから、へへ～

公式ルール② 制限時間は5分

ライブ感を重視するため、原稿は用意しません。きっちり5分で使い切ります。

2:10

※インターネット上で、ビブリオバトル用のタイマーがいろいろあります。キッチンタイマーでも代用に。

時間が長すぎると発表者も大変…

なぜ5分なの？

"本を通じて人を知る"…それはあらすじだけでなく、選書の理由や今に至るまで含まれる言葉が、最後ギリギリの瞬間まで発揮される"その"人"を出せるスピーチ、それが5分なのです。

公式ルール③ 発表の後はディスカッション

一人の発表が終わるごとに、参加者全員で紹介された本についてディスカッションを行います。

〈発表者〉　　　　　　　〈聴き手〉
言い足りなかったことを　不明点、さらに知りたい
補足するチャンス！　　　ことを質問か判断材料に

あげ足とりや批判はやめましょう。主に○○に似てる？批判じゃなく、無意味な……　有意義で"楽しい"場となるよう配慮を。

NO!

公式ルール④ チャンプ本を決める

全ての発表が終わったら、参加者全員が"一番読みたい"と思った本を一人一票で選び、最多票を集めた本を"チャンプ本"とします。

投票箱　話し合い　挙手　？

★一人では選べない本の投票です。
★同票チャンプ本の場合もあり得ます。
★0票だった……でもそこにいた人の誰かに"とっても2番目に読みたい本だった"という想いがあったかも…「どちらの発表を聞いてみたくなったか」で選びます。

なぜチャンプ本を決めるのか

自分のお気に入りの本がチャンプ本になったら嬉しい、選ばれなかったらやっぱり悔しい。どちらの感情も次の読書へと繋がります。

相手に「伝わる」ことを意識する、自分の言葉の届く工夫をする、また相手に取る一冊を意識する。

※ビブリオバトルに勝つことが目的ではありません。救急現場で真剣に議論を交わす場、勝敗ではなくプロセスを重視しています。

ビブリオバトルを通じて、新しい本の世界、周りの人とのコミュニケーションをたくさん楽しんでください。

特別支援学級でビブリオバトル

多摩市立多摩永山中学校学校図書館司書　中村誠子

　本校には、情緒障がい等通級指導学級（以下、通級）があります。通級とは、通常の学級に籍を置きながら、一部特別な指導を要するため、特別支援学級に通い指導を受けるという仕組みです。通常の学級の学習には概ね参加できているけれど、行動や学習につまずきがある生徒が、その改善のため週に1回、それぞれの在籍校から通っています。昨年度初めての試みで、通級のために工夫したビブリオバトルを実施しました。

　通級には、他者の前で自分の意見を発表することに強い不安や緊張を感じる生徒がいるので、指導にはこれまでさまざまな場面で発表活動を採り入れてきました。ビブリオバトルは自分の思考を整理して発表したり、相手を受け入れ理解したりすることにつながります。在籍校においてこの経験を生かし、自分の意見を述べる際の自信基盤としてほしいと考えています。

教材化にあたって

　ビブリオバトルにおいてチャンプ本を決める理由については生徒に配布するリーフレット（通常の学級と同じものを使用）にも記してありますが、そのことよりも「発表できた達成感・成功体験につなげること」に重点を置くため、投票の際にやり方をアレンジし、メッセージを記入した評価カードを発表者に手渡して肯定的な評価をし合う（みんなからもらえる、みんなに手渡す）という展開にしました。

```
（　　　　）さんへ
　　笑顔が素敵！
┌─────────┐
│メッセージ│
└─────────┘
　_____
　_____
　_____
（　　　　）より
```

投票の応用
①肯定的な言葉の書かれた数種類の評価カードを
　人数分、用意する。

〈評価カードの種類〉

- 読んでみたくなった！
- 一生懸命さが伝わった！
- 姿勢がすばらしい！
- 声の大きさがベスト！
- 面白い！
- 時間の使い方が上手！
- 表現力が豊か！
- 熱意が伝わった！
- 続きが気になる！
- 笑顔が素敵！
- フリーカード

②発表を聴いた後、評価カードから1枚以上を選び、メッセージを記入する。
③発表者に評価カードを手渡す。
　★必ず全ての発表者にいずれかのカードを投票
　★用意したカードの中に適当なものがなかったら、フリーカードに自分なりの観点でよかったところを記入して投票

発表者のメリット
「選ばれなかった」という気持ちにならず、評価してもらえた自分のよいところに気づく。

聴く側のメリット
一人ひとりの発表をよく聴き、相手のよいところを探す練習になる。

通級してくる曜日がそれぞれ異なるため、ビデオ撮影した他の曜日の生徒の発表も観て、評価カードを書くようにします。自分が受け取ったカードは、最後に束ねて持ち帰ります。後に残るものがあることで達成感を味わい、人からの肯定的な意見をくり返し見ることで自信にもつながることを期待しています。

> 手渡された評価カードはその場で読んで、一言感想を述べてもらいました。聴く側の受け取り方によってさまざまな評価になることへの気づきがあったり、意外な評価をもらえたことへの喜びがあったりしました。思ったようにできず悔しさを感じた生徒も、「次はもっと伝わるようにがんばりたい」と結果を前向きに受けとめられたようです。

指導計画

時間	学習活動	評価
1	ビブリオバトル導入	・協力して作業し、「やってみようビブリオバトル」のリーフレット（p.72参照）を丁寧に作っている。ビブリオバトルについて理解している。
2	ビブリオバトル発表準備	・どの本を紹介するか選択できる。 ・発表用メモを作成して思考を整理している。
3	ビブリオバトル発表練習	・うまくいかなかったときにあきらめずに取り組めている。 ・どのように発表すると効果的に伝わるか工夫している。
4（本時）	ビブリオバトル発表	・自分の考えをまとめ、発表している。 ・他者の発表を聴き、内容にふさわしい質問をしている。 ・他者の発表を肯定的に評価したり助言したりしている。

今回のビブリオバトルでは、生徒たちがみんな顔をしっかり上げて、5分間という時間を精一杯使いきろうとしている姿勢が前面に感じられました。好きな本を紹介するという行為が、自分のことを理解してもらいたいという想いを実現するのにうまく合致したものだったのかもしれません。聴き手を巻きこんだり、お気に入りのシーンを読み上げたりしながら、工夫を凝らして発表していました。

　まだまだ緊張が強く、発表活動で涙ぐんだり言葉につまったりしてしまう生徒もいるようですが、ビブリオバトルは本というフィルターを通して、自分の興味・関心を相手に伝えるよい手立てになっているのだと感じました。

授業を終えての反省点・課題

　たとえば発表用のメモを作るとき、同時処理（マッピングなど）で考えることがやりやすい生徒と、継次処理（順序立てた箇条書きなど）のほうが適している生徒とがいます。評価カードに書かれた表現も、抽象的な言葉では理解できない場合もあるので、それぞれの生徒の障がい特性に合わせて、やり方や評価カードの記述内容をさらに工夫する必要があることがわかりました。

　また生徒への言葉かけにおいても、「がんばって言えたね」より「よく伝わったね」、「〜ができない」ではなく「〜が苦手だから○○してみたら」など、ねらいを達成するために効果的な表現を意識することが授業者に求められると感じました。

　何より、まずは生徒にとって「読みたいと思えた・思ってもらえた」ことがもっとも重要な目当ての達成なのであり、それに追随して授業のねらいである発言力や質問・反応のスキルが身についていくものであるということを、こちら側が学びました。試行錯誤しながら、これからも続けていきたい取り組みです。

本時の授業記録

時間	学習内容・学習活動	指導上の留意点	評価
導入5分	・授業開始の挨拶をする。 ・本時の目標を確認する。 ・授業の流れを知り、見通しを持つ。 ・通級でのビブリオバトルのルールを確認する。 ・発表の順番を決める。	・私語がなくなり机上整理ができ、教師に注目してから始める。注意集中を個別に促す。 ・ホワイトボードに目標・授業の流れを明示する。 ・生徒同士の話し合いで順番を決定させる。	・チャイムで休み時間と授業の切り替えができている。 ・自分の順番を受け入れられている。
展開35分	・順番に前に出て本の紹介をする。（発表5分） ・聴き手は発表者に質問をする。（質疑2分） ・発表した感想を言う。 ・全員の発表が終わったら、発表者一人につき1枚以上の評価カードを渡せるよう記入する。 ・評価カードを発表者にそれぞれ手渡す。	・タイムタイマーを使って5分計る。時間は発表者からも見えるように提示する。 ・タイムタイマーを使って2分計る。 ・評価カードを配る。 ・記入に迷う生徒には書き方の助言する。	・発表者の方を向いて聴いている。 ・発表内容に合った質問をしている。 ・他者のよいところを見つけられている。 ・肯定的なメッセージを書いている。 ・カードを渡すときに声をかけている。
まとめ5分	・本時の内容についてふり返る。 ・評価カードを読んでの感想を言う。 ・授業記録に本時の感想を書く。 ・授業終了の挨拶をする。		

（授業者：通級担任　西島明佳先生）

全教員と全校生徒による
ビブリオバトル

江戸川区立松江第四中学校校長　森美智子

ビブリオバトル実践までの経緯

　平成27年度の東京都教育委員会言語能力向上拠点校となった本校では、とくに読書科の時間を中心とした「思考力、表現力を育む指導の工夫」に取り組むことにしました。まずは生徒たちの意識調査を5月に実施し、それをもとに言語活動を取り入れた授業をどのように行うかを考えました。その結果、前年度に取り組んだビブリオバトルをさらにブラッシュアップすることになり、ビブリオバトルの校内研修を行うことにしました。

　研修の内容は、夏休み中に全教員を対象としたビブリオバトルを行い、その後にビブリオバトル考案者の谷口忠大氏によるビブリオバトル講座を開催するというものでした。ワークショップ形式の研修を想像していなかった教員は、当初は戸惑っていましたが、研修日にはビブリオバトルを楽しめました。自分の知らない本に関心を寄せる以上に、普段の同僚からは想像のつかない本が紹介されることやその本の解釈の仕方などに興味深く聞き入っていました。

　この研修は教員の意識を変えるものとなりました。前年度、ビブリオバトルとして実施したものは、実際には全校生徒の前で行う図書委員会の生徒の書評であり、公式ルールに則ったビブリオバトルではありませんでした。教員も公式ルールを正しく理解していなかったため、これがビブリオバトルであると勘違いしていました。谷口氏の講演や実際自分たちでビブリオバトルを体験したことにより、ビブリオバトルを全校で取り組むという共通認識が得られました。

全教員が図書室でビブリオバトルを体験

全校生徒によるビブリオバトル

　2学期の初めには、夏休みの経験をもとに担任がそれぞれ受け持ちのクラスにてビブリオバトルの説明をして、生徒たちに体験させました。多くの教員からは「5分も話せないので本の紹介は3分にしたい」という要望が出されました。私は、「最初から5分を諦(あきら)めることは生徒の力を伸ばすことにならない。3分でよしとしたらそれ以上話すことが難しくなる。2、3回と回数を重ねるうちに楽しくなるはずです。まずは、朝読書の本を忘れずに持ってこさせること。人に紹介したいと思える本を読むように指導しましょう」と、公式ルールの遵守を主張しました。夏に研修を体験した教員なら、本と自分を語るのに5分は必要であり、1人の人の話を聞くにも5分はちょうどよい時間であるとわかるはずだと期待しての判断でした。

　その後、10月末に総合的な学習の時間をつかって、全校生徒いっせいにワークショップ型のビブリオバトルを開催し、ビブリオバトル普及委員の粕谷亮美氏に参観していただきました。

　その中で最大の問題だったのは、5分間の発表時間に、発表者の話を聞くことができない生徒が多く見られたことでした。授業のあと、全校生徒対象の講演を実施しました。

全校生徒がクラスでビブリオバトルを体験

粕谷氏より、発表者の話をよく聞くこともビブリオバトルの仕組みの一つであることを講演していただき、それからの課題として発表者の話を聞くことに取り組みました。その後も各学年でビブリオバトルを実施しましたが、「やはり5分は厳しい」、「5分間、聞いていられない」、「2分間の質問もできない」という悩みの声が職員室で交わされていました。

　一部の声だとしても、このままでは全学級でビブリオバトルの楽しさを味わわせたいという思いは届かないと感じました。本の紹介になぜ5分間必要なのか、教員自身が理解していないと生徒へのはたらきかけにも温度差が生じます。そこで全校生徒いっせいに私が説明することにしました。そして、教室で教員が指導するときの参考になるような説明にしようと考えました。しかし、私がビブリオバトルのルールをいくら力説しても、生徒自身が5分間人の話を聞くという体験をしない限り、5分という時間を完全には捉えきれません。

　そこで、実際にビブリオバトルをやってみようと思い立ちました。「発表者は代表生徒でなく教員にしたい、教員が発表者ならば生徒の興味・関心もより深まるだろう。教員自身がビブリオバトルを楽しむ様子を見ることは、生徒にとっても悩んでいる教員にとってもよい刺激になる」と考えました。

終業式にビブリオバトルのプレゼント

　発表者の人選は、教員３名とＰＴＡ会長を予定していました。教員だけでなく身近な大人の発表は、生徒も新鮮に感じると考えました。ＰＴＡ会長も乗り気だったのですが、仕事の都合で参加できなくなりました。そこで、地域の図書館にお願いし、副校長、教員２名、地域の図書館司書の４名を発表者とするビブリオバトルの準備を始めました。

　２学期終業式後、「みなさんにクリスマスプレゼントがあります。これから先生によるビブリオバトルを行います」と伝え、大人を発表者とするビブリオバトルを行いました。

　まず、壇上の４名の発表者を紹介しました。図書館司書が本校の卒業生であったこと、普段話を聞く機会がない副校長が発表者の一人であること、なにより教員が発表者であることに生徒は喜びました。４名の名前の入った投票用紙を配布しましたが、本の題名は未記入です。発表者がどのような本を紹介するのかにも期待をもたせました。

　私は「いいですか。皆さんの課題は５分間静かに聞けるようになることです。まず、発表者の５分を大切にして聞きましょう」とだけ伝えて、ビブリオバトルを開始しました。２分間のディスカッションでは生徒からの質問が少なかったので、司会の私が質問し、生徒が続いて質問しやすいようにとディスカッションを盛り上げることにも努めました。

　投票集計中にはビブリオバトルのルールを説明しました（右写真）。大きく書いた４つの巻紙に「自分で選んだ一冊」「５分間のルール（大切）」「ディスカッションを」「チャンプ本（民主的）」とそれぞれ提示し、「自分が面白いと思う本を紹介しないと語る言葉に力がなくなる」「目の前の相手に語るとき原稿はないはず、人の話を聞くということはその人を認めるということ」など、ビブリオバトルのルールの補足を丁寧に行いました。とくに課題である５分間静かに聴くことの大切さを話し、２月の研究発表では全学級ビブリオバトルの授業を公開するということを伝えました。

　１月に入ると、学校便りだけでなく、各学年通信や生徒の図書委員会だよりにもビブリオバトルの紹介を載せ、生徒や保護者への関心も高めていきました。発表会間近の１学年通信には、「ビブリオバトルのコツ（公式サイトより抜粋）」という記事までありました。

四つのルールを紙に書いて力説

研究発表会「読書活動を中心に思考力、表現力などをはぐくむ指導の工夫」

　2月5日の研究発表会でのビブリオバトルの様子は、10月に比べて5分間を大切にする姿勢が見えました。発表者は5分間を話し切ろうと工夫をし、その話を静かに聞いている生徒の様子に、全体の成長が見えました。

　各担任も黒板にビブリオバトルのルールを掲示したり本校の課題である「5分間静かに聞く」という板書をしたりと、指導の工夫をしました。10月にも授業参観をしてくださった保護者からも「生徒が楽しそう」、「ビブリオバトル自体の楽しさが理解できました」、「家でも本について話すことがあります」、「マンガしか読まなかった子が本を買ってきました」というお話を伺うことができました。

　生徒からの感想も「5分間が意外に短いと思うようになった」、「友だちの話を聞いていると自分でも読みたくなった」、「プレゼンテーション力が上がるという先生の話がわかる気がする」、「友だち同士、本のことで話がふくらむようになり、本の貸し借りをして面白いことを分け合うことができた」というポジティブなものが圧倒的でした。

　「初めて取り組んだときには2分しか話せず、質問にもどう答えていいかわからず時間ばかりが過ぎていたのに今回は短く感じた。次回は聞く人に僕の発表の5分を短いと感じてもらえるような発表をしてみたい」という感想は、ビブリオバトルに取り組んだ私たちにとってうれしいものでした。

　今年度の取り組みを「ビブリオバトル元年」と位置づけ、さらに

本を紹介しあうって、楽しい！

生徒自らが楽しむビブリオバトルを目指し継続していこうと考えています。そのためには改善していくことも必要だと思います。

　研究発表会の講演で粕谷氏から、発表者の話を聞かないことへの対策として学年をシャッフルして行うことなどのご助言をいただきました。来年度はぜひ挑戦してみたいと思っています。

　また、当日「主体的に取り組む態度を育む授業～言語活動を活用した授業～」という演題で講演をしてくださった講師の明治学院大学准教授・辻宏子先生が「ビブリオバトルはまさに言語活動そのものである」とお話しくださいました。良書を選択する力がついた生徒や根拠のある説明をすることを楽しんでいる生徒を見て、ビブリオバトルの持つ多くの効用や可能性を感じています。

生徒の意識調査アンケート結果

　最後に生徒たちがビブリオバトルを体験してどのように変わったか、その結果がわかるようなアンケートを実施しましたので参考資料として添付します。

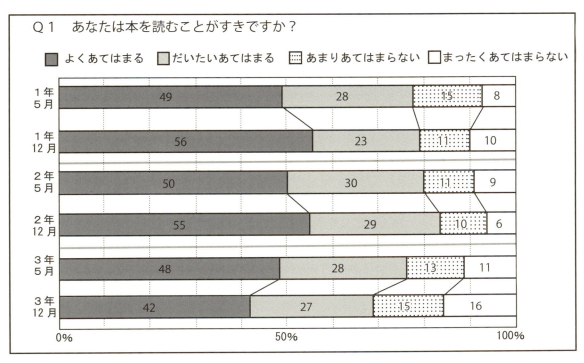

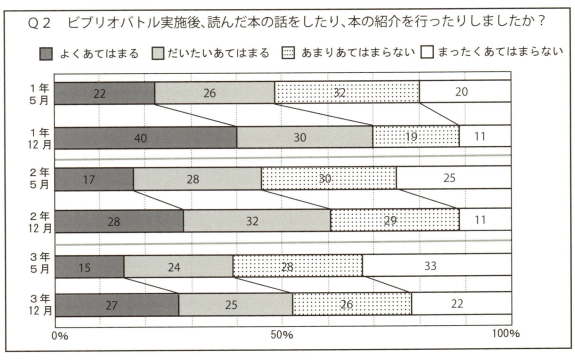

モチベーションをアップするビブリオバトル ～受験期の生徒と

元・小樽市立菁園中学校　現・札幌市立琴似小学校教諭　花田麗

ビブリオバトル実践までの経緯

子どもたちの現状

　3年間国語の授業を担当した学年で「国語科」の授業として行いました。本を読むことに抵抗のある生徒もいたので、授業でのグループ活動や長期休みの読書では、読後感を「誰かに発信する」ことを意識させた課題に取り組ませました。

　1年時はブックトーク・本の帯づくり、2年時は夏ドク（読書）・冬ドクと称して文豪の作品を紹介したり、「誰か」宛ての紹介文（例：母へ・スランプになった人へ・前を向きたい人へ・恋愛中の〇〇へ）を書いたりという取り組みをしました。2年間そのような活動を行ってきた生徒たちなので、自分の好きな本の魅力を語ることについては今までの読書指導に関わる課題と変わらず受けとめてくれたようです。

授業との関連

　3年生3学期の「話す・聞く」授業でビブリオバトルを行うことは伝えました。時期的に受験を控えていたり進路がほぼ決まっていたりと、生徒の状況もさまざまで気持ちがのらない子もいましたが、受験の面接で「最近読んだ本は？」と聞かれるかもしれない、自己アピールの練習になる（本のプレゼンテーション能力が自分のプレゼンテーション能力にもつながる！）、など面接対策にもなり、一石二鳥だという私の力説に納得していました。

ビブリオバトルを行うきっかけ

　その年の秋に初めてビブリオバトルを知り、たまたまその大会に小学生が参加していて、しかもその子がチャンプ本を取ったのを見て、これは中学校の国語の授業に取り入れたら面白いのではないかと思いました。毎年課題にしてきた長期休みの読書指導の発展に取り入れたいと構想を練りました。

教材化の視点

　活字離れといわれている中学生が、どうしたら本を読むようになるのか……。「よいことだから本を読みなさい」なんて大人が言ったところで反発したくなるお年頃。しかもそれが「課題」となり、読書感想文なんて書かされるものなら、生徒たちは読書ぎらいになって逆効果……。

同年代の視点で、同年代の言葉で本の魅力が語られたら本を読むきっかけになるのではないか、またビブリオバトルの「本を通して人を知る　人を通して本を知る」というよさを多感な中学生に体感してもらいたいと考えました。

　教材化にあたって気をつけたのは「選書」です。国語の授業ではあるのですが、9類（図書分類法で「文学」に区分される）の本には限定したくなく、ジャンルは問わず、とにかく自分が魅力を感じて語りたい本を選ぶように伝えました。絵本・図鑑・エッセイ・詩集・写真集・マンガ……なんでもいいと伝えたのですが、なかなか1巻読み切りのものがないためか、マンガを選ぶ生徒は少なかったです（選ばれたのは「はだしのゲン」くらいでした）。

　国語科の指導内容「話す・聞く」力をつけるための授業だったので、「書く」ことには重きをおきませんでした。発表原稿はあってもなくてもよしとし、発表が原稿の音読にならないようにしました。発表の計時として原稿を読む練習をしてもよいが、発表本番は紹介本を両手で持ち、聴衆の目を見て話しかけるように発表することを伝えました。また、「あらすじ発表」にならないことを留意点として挙げました。「この本、面白いから読んでみて！」という気持ちで、自分の好きな本の魅力を大いに語る授業であることを伝えました。

ビブリオバトル実践にあたって

導入方法

　毎回行っている長期休みの読書課題の発展として、冬休み明けすぐにビブリオバトルの授業を行うことを伝えました。人気バラエティ番組に、ビブリオバトルの映画版のようなコーナーがあったので、それを引用して説明しました。それだけではイメージがわかない生徒もいると思い、実際に私が生徒の前で発表し、「読みたくなった人」と挙手をしてもらうというプレ授業をしました。デジタイマーのカウントをニヤニヤしながら見ていっしょにカウントダウンする子や、私の問いかけ部分に答える子（「本を読んでからのお楽しみ……」と言ったのに）や、「先生なら登場人物の男性に恋をしますか？」という質問をする子、ビブリオバトルの試みに「面白そう！」「やってみたい！」「無理〜！」と叫ぶ子……と、生徒の反応はさまざまでした。

　「発表」となると、周りの目を気にしてなかなか自分の思いを伝えられなかったり、失敗を恐れたり、恥ずかしくて声が小さくなったり、原稿の棒読みになったりしてしまいがちなので、まず5〜6人のグループで、机を寄せてのワークショップ形式でのビブリオバトルを経て、グループでチャンプ本をとった子がクラス内バトルに出場することにしました。

　また、バスケット試合用のデジタイマーで時間をカウントダウンしたことで、残り時間で話の長さを調節しようとしたり、ゲーム感覚で授業自体を楽しめたりというメリットがありました。

指導目標：本を通して人を知る　人を通して本を知る
指導計画（表）

次	時	学習活動	指導上の留意点	評価と支援
第1次	1	○ビブリオバトルについて知る。 ・ねらい・ルールについて理解する。（ワークシート②・リーフレット） ・教師の発表を聞いて模擬体験をする。	・生徒に身近な例えを提示し、わかりやすく説明する。 ・本のジャンルは問わない。 ・あらすじ・読書感想文の発表にならないように。	・ビブリオバトルについて知ることができたか。
第2次	2	○発表準備 ・冬休み課題（ワークシート①）をもとに、発表の練習をする。 ・グループ内発表の順番を決める。	・原稿はなくてもよいこと、あっても原稿の音読になってしまわないこと。 ・時間配分についても考えさせる。	・取り組み方に困っている生徒には、友だちの発表練習や原稿を参考にさせたり、助言したりする。
第2次	3（本時）	○ビブリオバトル（グループ内発表） ・グループのメンバーの発表を聞き、記録用紙（ワークシート③）に書きこむ。 ・グループ内チャンプ本を決める。	・小集団の中で発表しやすい雰囲気になっているか。 ・挙手による多数決。	・自分の言葉で本の魅力を伝えられたか。 ・友だちの発表を関心を持って聞くことができたか。
第3次	4	ビブリオバトル（クラス内発表） ・各グループのチャンプ本獲得者の発表を聞き、クラスチャンプ本を決める。	・投票用紙による多数決。 ・模造紙大に拡大したトーナメント表を作成し掲示。	・ビブリオバトルに関心を持ち、体感することができたか。

実際の授業のようす

準備：本・ワークシート・筆記用具・
　　　デジタイマー（バスケット試合用）

本時の授業記録

学習活動	指導上の留意点
1．ルールや発表順などを確認する。	・発表者の前の番の人が司会・記録を行う。
お気に入りの本を紹介し合って、チャンプ本を決めよう。	
2．グループごとに、ビブリオバトルをする。 　　↓ 　　ディスカッション（2〜3分）	・デジタイマーのカウントはいっせいに5分間。 ・発表している5分間は、発表者以外は質問したり感想を述べたりしない。
3．どの本に投票するかを決める。	・挙手による投票。
4．投票を行い、チャンプ本を決める。	・記録をふり返り、チャンプ本を決める。 ・プレゼンテーションに注目して「読みたくなった本」を選ぶ。 ・同率1位になった場合は、話し合いでチャンプ本を決める。
5．投票した理由などを話し合い、交流する。	・実際にバトラー（発表者）の紹介した本を手にして、発表内にはなかった魅力を語ったり、質問したりする。
6．次時の見通し。	・グループのチャンプ本獲得者にはグループ代表として、メンバーから発表の助言をしてもらい、クラス内バトルに備える。

授業を終えて

反省点・課題など

　「中学生ってすごいな！」と思いました。各々の個性がはっきりしてくる時期でもありますし、興味関心はより深く掘り下げられてくるので、読んでいる本も、その本に対する思いも、表現の仕方も、本当にバラエティー豊かでした。

　5クラスでこの授業を行いましたが、一番印象的だったのが、正直あまり国語は得意科目ではなく普段の授業では発表しない、友だち同士でもそんなにおしゃべりなほうではなく、本をたくさん読んでいる感じもないクールな女の子の紹介した本が、クラス内発表でチャンプ本に選ばれたことです。

　その前に彼女が紹介した本がグループ発表でチャンプ本に選ばれたとき、選書も意外なものだったので、どんな発表になるのだろうと思っていました。彼女の発表が始まると、聞いている生徒たちが彼女の語りに引きこまれているのがわかりました。大きな声で抑揚をつけてアピールするわけではなく、クールに淡々と話しているのに、彼女がその本に感じている魅力を熱く語っているのが伝わってきました。ダントツ1位でクラスのチャンプ本に選ばれたと記憶しています。トーナメントの赤いラインが金の王冠につながったときの彼女のはにかんだような、でも自信に満ちた笑顔が忘れられません。

　「読書がきらい」、「国語が苦手」という生徒たちの中にも、本人が意識していない可能性が秘められています。そんな可能性に思いがけなく触れられた私にとって、ビブリオバトルの実践は得るものがとても大きかったです。

　中学生ならではの課題もあります。まずは「めんどうくさい」、「やりたくない」、「意味があるのか？」、「将来役に立つのか？」と言いだす生徒への説得です。とかくめずらしい試みだと「受験に関係ない」などと言う生徒もいます。正規の授業であり、評価もするということを話しました。

　また、グループのチャンプ本を決めるときに、自分がクラス内発表をやりたくないからとか、特定の子にからかい半分で投票するとか、「みんなが手を挙げてるから（挙げていないから）」と自分の意思ではないところに挙手するとか、「成績を上げたいから俺に投票してくれ」という決め方をしないように、机間巡視はしっかり行いました。そうなりかけていると感じたときには、投票した理由をくわしく聞いてみるなどもしました。クラス内チャンプ本を決めるときには、挙手制ではなく投票用紙による投票にしました。

　2年生のクラスでも行いましたが、やはり読書指導や「話す・聞く」指導の1年分の未熟さを多少は感じました。クラス内の普段の雰囲気にもかなり影響される授業だと思います。

子どもたちの感想

> 5分間は長かった。／意外と短くて時間が足りなくなった。
> カウントダウンがドキドキした。
> グループ内発表はよかったけどクラス内発表は緊張した。
> 友だちの意外な一面が見られた（好きな本についてはおとなしい人が熱く語る、あの人がああいう本を読んでいるのか……など）。
> 知っている本だけど友だちの発表を聞いて読み直したくなった。
> チャンプの人の発表は読みたくなるような発表でさすがと思った。
> みんないろんな本を読んでいるなあと思った。
> 面白かった。／チャンプに選ばれてびっくりした。
> いい経験になった。／好きな本をみんなに知ってもらえてよかった。
> 本が読みたくなった。／準備が大変だった。
> （選書が）絵本でもあんなに話せるんだと思った。　……など。

　弁論でもディベートでもない「話す・聞く」授業に、得手不得手やとまどいはあったけれども「めずらしい体験をした」という感想を持ったようです。

評価方法について

　前にも述べましたが、「受験が目前でそれどころでない」、「ほぼ進路が決まっていて気持ちが乗らない」という生徒もいたので、生徒のモチベーションを上げるためにポイント制にしました。発表時間→時間（分）×5p・質疑応答各1p・グループ内チャンプ10p・2位は5p。これはビブリオバトル自身にも取り入れられているゲーム要素の導入であり、中学生ならではのフィードバックの仕方だと思います。成績評価には加味しませんでしたが、前述のチャンプ本を獲った彼女のように、国語への苦手意識のある生徒にとってはポイントを獲得したことは具体的な自己評価につながり、自信になったと思います。

最後に

　他者へ本の魅力を伝えるという中で、子どもたちは話す技能も磨きます。また、仲間の口から語られる本の魅力によって「その本、読んでみたい！」と感じます。
　「本を通して人を知る　人を通して本を知る」　個性が確立される中学生だからこそ、他者の個性に触れ他者の個性を認める、こんな授業もよいのではないでしょうか。

資料　授業で使ったワークシート類

ワークシート①

国語科　冬休み課題

年　　組　　番　氏名＿＿＿＿＿＿＿

3学期の「話す・聞く」授業は『ビブリオバトル（書評合戦）』を行います。
その下準備として、冬休み中に1冊本を読み、以下の項目についてまとめておきましょう。

書　名：＿＿＿＿＿＿＿＿＿＿＿＿＿＿＿＿＿＿＿＿＿＿＿＿＿＿＿

著者名：＿＿＿＿＿＿＿＿＿＿＿＿＿＿＿＿＿＿＿＿＿＿＿＿＿＿＿

出版社：＿＿＿＿＿＿＿＿＿＿＿＿＿＿＿＿＿＿＿＿＿＿＿＿＿＿＿

価　格：＿＿＿＿＿＿＿＿＿＿＿＿＿＿＿＿＿＿＿＿＿＿　円

A　本との出会い　　　B　あらすじ　　　C　選書の理由　　　D　学んだこと
E　観戦者への呼びかけ（逆質問）　　　F　社会問題とからめて
G　写真・挿し絵の紹介　　　H　部分読み聞かせ（好きなフレーズ・セリフ）
I　自分の生活とからめて　　　J　自分が考える作者のこだわり　　　K　話の続き
L　印象に残ったところ　　　M　好きな登場人物　　　N　その他

ワークシート①の記入例

> E　　最近、小説のドラマ化、映画化が多いですよね。キャストや内容が自分のイメージと違ってがっかりすることはないですか？私は邦画が好きなのですが、がっかりすることが多いので、原作を読んだ後は映画を観ない、映画を観た後は原作を読みません。ですが、初めて！がっかりしない本に出会いました。　　　　（冒頭に使う）

- 小さい四角に項目のアルファベットを書きます。
- 実際に話す口調で書いても、箇条書きのメモでも。
- どの部分で使うかもメモしておくと後で構成しやすいです。

ワークシート②

```
3学年国語　　話す・聞く
　　　　　　　ビブリオバトル（書評合戦）
　　　　　　　　　　　　　　　　　　組　　番　氏名
```

☆ルール
- 5〜6人のグループで行う。
- 発表者の前の人が司会（質疑応答・投票時）＆記録。
- 発表者は5分間、書評をする。（時間に応じてポイント加算）
- 毎回、5つまでの質疑応答を行う。
（2分間。質問・答えについてもポイント加算。同じ人ばかりが加算されないよう、機会が公平になるように！）
- 質疑応答後、発表者以外のメンバーは、発表者の書評および質疑応答により「読みたい」と思ったら挙手をし投票、人数を記録する。

☆ポイント
- ワークシート（冬休みの課題）→　A（15p）　B（10p）　C（5p）
- 発表（5分間）→時間（分）×5p　　5分で打ち切り。タイムオーバーなし。
- 質問→1回につき1p
- 答え（発表者）→答えられたら1回につき1p
- チームチャンプ→10p　　（2位は5p）

ワークシート③

```
3学年国語　話す・聞く
            ビブリオバトル（書評合戦）記録用紙
                                     氏名         署名
（　）組（　）班　　チャンプ

メンバー：A（　　　　　）　B（　　　　　）　C（　　　　　）
　　　　　D（　　　　　）　E（　　　　　）　F（　　　　　）


      発表者      時間       質問者（答えられたら○をつける）          獲得票
1.（　　）T　：　←（　　）（　　）（　　）（　　）（　　）　＜　＞
2.（　　）T　：　←（　　）（　　）（　　）（　　）（　　）　＜　＞
3.（　　）T　：　←（　　）（　　）（　　）（　　）（　　）　＜　＞
4.（　　）T　：　←（　　）（　　）（　　）（　　）（　　）　＜　＞
5.（　　）T　：　←（　　）（　　）（　　）（　　）（　　）　＜　＞
6.（　　）T　：　←（　　）（　　）（　　）（　　）（　　）　＜　＞
```

ワークシート③の記入例

```
       発表者     時間       質問者（答えられたら○をつける）         獲得票
  1.（ D ）T 4：32 ←（ B ）（ Ⓔ ）（ Ⓐ ）（ F ）（ Ⓒ ）　＜ 4 ＞
```
・Dさんの発表時間は4分32秒。
・E・A・Cさんの質問にはDさんが答えられました。
・獲得票は4票。

※ワークシート②と③のポイントはあくまで生徒同士のゲーム性を高めるものです。教科の評価に使用するものではありません。

英語でビブリオバトルに挑戦

渋谷教育学園渋谷中学高等学校司書教諭　前田由紀

ビブリオバトルとの出会い

　2010年11月に、東京国際フォーラムで東京都主催の大学生による「ビブリオバトル首都決戦」が行われました。筆者が初めて見たビブリオバトルでした。発表者のみならず観客も質問や投票ができる全員参加型の新しい書評合戦に大いに感銘を受け、さっそく、国語科の教員に紹介して国語の表現の授業で実験的に取り入れてもらいました。

中学2年生国語科表現での授業

　国語科では、毎年夏休みに「本の紹介をしよう」という課題が出され、おすすめの本1冊を選んで紹介文を書くことになっています。そこには、題名、著者、出版社などの基本情報、PRするキャッチコピー、あらすじ、読んだきっかけ、印象に残る箇所や魅力、考えたことなどを記述します。
　2学期始め9月の授業で、その課題の発展としてビブリオバトルを取り入れました。

1．ビブリオバトルでの発表の構成・アウトラインを考える。
2．隣の生徒と本番さながらの練習をして互いにコメントを言い合う。
3．5、6名の小さなグループに分かれて予選を行う。発表に関しては、とくに本に対する情熱を大切に、ときにはユーモアを交えて聴衆を引きつけるよう助言する。
4．各グループのチャンプ本で決勝大会。コの字型に机を配列してクラス全体でイベント型のビブリオバトルを行う。

よかった点
- どのクラスでも生徒たちが皆の発表をよく聞き、楽しんでいた。
- 日頃目立たない生徒たちが、発表を機に活発な面が見られるようになった。
- 自分では、手に取らない本との出会い。たとえば、女子生徒の絵本や男子生徒の戦国武将や理系の本などの特色が挙げられる。
- プレゼンでの工夫。皆が興味を持つ時事ネタから自然に入るとか、あらすじから思わずその先が読みたくなるような仕掛けとか、聴衆を魅了する面白さを追求する。

- 紹介された本を皆が読むようになった。

改良したほうがよいと感じた点
- マンガや雑誌では、ふざけてしまったので、本だけとする。
- ライブ感を大事にするため、原稿を見ないで発表するよう徹底する。
- 5分間の途中で終わってしまわないようにする。

中学1年生英語科多読での授業
（ブックトークとビブリオバトルの組み合わせ）

　中学1年生では、英語の授業でActivityとして毎週多読授業を行っています。Oxford Reading Tree（ORT）やI Can Read! Foundation Reading Library（FRL）シリーズなど、初心者でもわかるように1ページに1つの文レベルの絵本から、レベルを段階的に上げて語数が増えていく多読用英語の本を、各生徒が自由に選んで読んでいます。年間目標語数を設定して、毎回多読手帳に本の題名・語数・コメントを記録しています。学校図書館でも、多読の授業が行われることが多く、一般図書とは別に5冊まで貸出可能にして多読図書の読書を推進しています。

　1年間の多読のまとめとして、2月に多読の授業の2コマを使って、2名の司書教諭が前半ブックトークを、後半にビブリオバトルの予選と決勝をそれぞれ行いました。

①ブックトーク1回目（外国の本・雑誌・新聞の紹介）と予選

　紹介したのは、Oxford Bookworms Library シリーズでのお気に入り"Little Princess"（『小公女』）と日本でも人気があるMagic Tree Houseシリーズ。週刊英字新聞からNew Year's Resolution（新年の抱負）についての記事や『TIME』のカバーストーリーになっていた錦織圭選手の記事など。後半は、4人位のグループで机を合わせて「この1年の多読でもっともよかった本」のビブリオバトル予選。奇想天外な絵本の面白さをアピールする生徒が多く、笑いが絶えない予選となった。1分間は、英語で発表することにした。

②ブックトーク2回目（日本の文化に関する洋書の紹介）と決勝

　まず紹介したのは、アメリカの大学に留学した日本人学生の体験記。アメリカに行っていかに自分が日本のことを知らなかったかを思い知らされ恥ずかしい思いをしたかという箇所を引用し、外国のことを学ぶと同

（写真1）

時に日本のことを発信する重要性を説き、折り紙、落語、和食に関する洋書を紹介した。後半は、決勝戦。

前回、小グループでチャンプ本になった生徒が、クラス全員の前で今度は発表し、全員の投票でその組でのチャンプ本を決めた。皆の前だと緊張する生徒もいたが、予選で1回経験しているので、堂々と発表していた。

予選でチャンプ本になった生徒たちには、書評を簡単に書いてもらい、それをまとめて後で冊子にし、図書館では、紹介した本を展示した。

図書委員会文化祭準備でのビブリオバトル

図書委員会では、毎年9月の文化祭（本校では飛龍祭と呼んでいる）の際に、古本市と文化祭のテーマに沿った展示を行っています。今年のテーマがRevolutionだったので、「変革をもたらした本」というコンセプトで、ミステリー・ＳＦ・伝記・ノンフィクション・ファンタジーの分野（それぞれ日本と海外）を中高生が10チームに分かれておすすめ本の紹介を担当しました。

（写真2）

いつもは各々分野別におすすめ本をポスターに書いてまとめていましたが、変革の年にしたいということで、新しい試みとしてチームごとにビブリオバトルに挑戦しました。

あらかじめ大会で入賞した先輩の動画を皆でみて、ビブリオバトルの発表がどんなものかを把握してから、チームそれぞれで行いました。異なる学年の初対面の生徒からなるチームでしたが、ビブリオバトルを通じて打ち解けられるようになり、それからはチームワークが今までより向上したように感じられました。その後、高校3校ビブリオバトル交流会（豊島岡女子学園と渋谷教育学園幕張）を本校で行いました。（写真2）

他校との交流会

「高校生の大会はあるが、中学生にはまだない」ということで始まった3校合同の中学ビブリオバトル交流会を鷗友学園で、現在は鷗友学園・芝学園・本校の3校の生徒が集まって行っています。図書委員会を中心に運営していますが、参加する生徒は、全校に掲示して希望者を毎回募っています。予選・決勝の後に、交流会を設けて学校生活のことや読書談義に花を咲かせています。チャンプ本を決めるだけのビブリオバトルは、とても味気ない。その後の気楽なおしゃべり茶話会とセットになって初めて楽しめると実感する交流会です。

外部大会への参加

　昨年から、活字文化推進会議主催の中学ビブリオバトル関東大会が始まりました。掲示で参加希望者を募集し、予選を学校図書館で行いました。司書教諭たちが実演をやってみせることもありました。生徒には、友だちに話しかけるような調子で気楽に話すよう緊張をほぐし、その本の内容紹介と同時に自分との関係性を強調するようにも助言しました。その本に対してどれだけ愛着があるかが問われるからです。

　大会には、大勢の観衆の前で発表するというよい面もありますが、反面、仲間内で本音を言い合う本来のビブリオバトルの面白さが損なわれる面もあります。そのため、あえて大会には参加しない学校もあります。そういう姿勢も尊重されるべきだと思われます。

最後に

　ビブリオバトルは、一人ひとりに同じ時間スポットライトが当たり、そして皆が質問し投票できる全員参加の民主的なゲームです。自発的に生徒が本を探索し、皆で共有し、互いを理解します。

> 「この平和的、建設的な空気感こそこれからの時代、あらゆる場所で必要になると思う」

　というのは、ある生徒のコメントです。学校図書館では、ビブリオバトルに参加できなかった生徒のために、発表された本の展示を行って、全校生徒で本を共有できるようにもしています。

| 提案 | ビブリオバトルで「考える道徳」を |

北海道士別市立多寄中学校校長　工藤朝博

　はじめてビブリオバトルを体験し、自分のお気に入りの本を片手に、制限時間の中で、本の魅力を必死に伝えようとしている生徒。メモを机上に置き、目を天井にやりながら、想いを伝える言葉を探す生徒の顔を見たとき、「考える道徳」という言葉が頭に浮かびました。

　平成27年12月18日に、北海道教育委員会が主催する「平成27年度読書活動充実事業（読書に親しむ体験事業）」を本校で行うことになりました。この事業の目的は、小・中学生の読書に対する興味・関心を高め、地域の読書活動を推進することです。

　全校生徒16名がランダムに4グループに分かれ、事前に読んできた一押しの本について語りはじめました。最初はぎこちなかった口元が、だんだん熱を帯び「口角泡を飛ばす」ような雰囲気に変わっていく様子を目の当たりにし、ビブリオバトルが持つ不思議な力を感じました。この自由闊達な雰囲気で「考える道徳」ができれば、「特別な教科　道徳」は、生徒にとって必ず有意義なものになる。そんなひらめきがありました。

これからの道徳

　道徳は、平成27年3月に学校教育法施行規則と学習指導要領の一部改正が行われ、小学校は平成30年度から、中学校は平成31年度から「特別な教科　道徳」となることが決まりました。「特別な教科　道徳」は、検定教科書を用いて授業を行い、子どもの道徳性を総合的に把握し、新たに文章で評価することになっています。また、これまでの「読みもの道徳」から、問題解決型の学習や体験的な学習を通じた「考え、議論する道徳」への移行が期待されています。

　私には、ビブリオバトルの最中に見せた生徒の表情が、自分にとって大切な価値を探している表情に見えました。しかも、これまでの

自分の人生経験をフルに生かして、主体的に本の中から自分なりの価値を見いだそうとしているようでもありました。この自らの体験をもとにした、さまざまなケースについて意見交流し、自ら判断できるようになることが、これからの「考える道徳」では何よりも大切になると考えています。

　また、後で紹介する生徒たちの感想文には、彼らの素直な気持ちが表現されており、新たに行われる「特別な教科　道徳」の「文章での評価」に活用できると感じています。

ビブリオバトルの魅力

(1)「目を輝かせて、想いを伝えようとする生徒」

　ビブリオバトルが終わった後の生徒の感想文に、次のようなものがありました。

> 「本のことについて話すのは、正直言ってすごく不安でした。話す前は、ガッチガッチに緊張して、手が震えていました。"スタート"の合図で本を紹介すると、魔法のように緊張もほぐれていました。自分が面白かったところを3分間の中でたくさん紹介することができて、スッキリした気持ちと楽しかったという気持ちで終わることができました」

　最初に講師の須藤先生がビブリオバトルの説明を始めたときには、まだ、生徒は緊張してかたい表情でしたが、「発表会じゃないんだよ。普段の言葉で話していいんだよ。スピーチでなくて、しゃべるような感覚で」といわれたので、だいぶ肩の力が抜けたように見えました。ビブリオバトルは「コミュニケーションゲーム」なので、自分の正直な気持ちを自分の言葉で素直に伝えることが大切になります。少し話し始めると、生徒はすっかりリラックスした様子で、自分が選んだ本の魅力について、自分の言葉で語りはじめたのです。

　道徳の授業は、どうしてもかたい雰囲気が漂い、決まった価値観をかしこまって発表し合うイメージがあります。そうではなくて、この普段着の言葉でこそ、生徒の本音が出てくるような気がします。自分の素直な気持ちを出せるようになれば、生徒の日常的な体験をもとにした悩みも交流できるようになり、「考える道徳」の指導方法につながっていくのではないでしょうか。

(2)「自分の想いに共感してもらえた喜び」

> 「準備の段階では、難しそうで不安だったけど、実際にやってみると、とても楽しくて、またやりたいと思った。自分の面白いと思った本だと、紹介するときも楽しかった。また、みんなで一人の話を聞くので、終わった後も交流ができて面白いと感じた」

　これも授業後の感想文です。

　道徳は、原則となる道徳的価値と周囲の状況を総合的に判断し、人としてどのように行動すべきかを自分で決断できるようになるための学習ですので、授業の中で完結するものではありません。「こんなときどうする？」、「夕べから、ずーっと悩んでたんだよね。聞いてくれる？」こんな日常会話の積み重ねが、「考える道徳」のベースなのかもしれません。

　ビブリオバトルが終わった後も、「わかる、わかる」、「え、そんな感じだったの？意外だな」などと声を弾ませながら、いつまでも会話が続く様子を見て、道徳の授業の後も、自分の想いに共感してもらえたらうれしいだろうし、逆に疑問がわいたら、さらに考えを深めることにつ

ながるのだろうと思いました。生徒自身が
テーマに強い関心をもち、本音で語り合え
ばこうなるのだろうと感じます。「考える
道徳」には、ビブリオバトル同様、授業後
の余韻が大切なのではないでしょうか。

(3)「チャンプ本になれなくても、自己否定されない安心感」

　ビブリオバトルはゲームなので、最後に誰が紹介した本が一番読みたくなったのか、みんなが投票して「チャンプ本」を決めます。チャンプ本にするためには、相手に自分の気持ちが伝わるように、本気で真剣に話さなければなりません。

> 「やったことのないゲームだったので、最初はとても不安だったけど、読んでほしいと思う本を勝たせようと思ったら、考えもまとまったし、グループ内の人の話を聞くのも面白かった」

　この生徒の感想文からわかるように、ビブリオバトルというゲームは、自分の気持ちを相手に素早く伝えるため、考えを整理して（思考）、言葉を選び（判断）、表現するという活動を瞬時に行うことができ、大変すぐれた学習指導方法でもあります。
　一方、道徳の授業は、ややもすると、建前ばかりを話し、本音が出にくいこともあります。それは、自分が本音をさらけ出したときに、周囲の人から否定されることが怖いからです。ビブリオバトルのルールは、安心して本音をさらけ出せるように工夫されています。この仕組みbが「考える道徳」の指導方法を確立していく上で役に立つように思います。中学生ぐらいになると、当たりさわりのないことを話して、お茶をにごすくらいの知恵はもっています。ビブリオバトルというゲームは「自分の主張に賛同してもらえなくても、わるいのはたまたま自分が選んだ本であり、自分自身を否定されるわけではない」という安心感があるので、お茶をにごすのではなく、本音で語り合える場になっています。

　道徳の授業で、毎時間ビブリオバトルをするわけにはいかないでしょうが、各学期の最後に、これまで学習した道徳の教材を本に見立て、ビブリオバトルの手法を用いて、違う価値観を交流させることは、生徒の本音を引き出し、思考力・判断力・表現力とコミュニケーション能力を育てるために、とても有効な指導方法であると考えます。

これからの「考える道徳」を実施するには、安心して本音をさらけ出せる場の保障が大前提になるように思います。

　はじめて観戦したビブリオバトルでしたが、まず、全体にとてもあたたかい雰囲気を感じました。法改正が行われ、「特別な教科 道徳」の実施に向け、これから取り組まなければならないのは法改正の趣旨に沿って、生徒が「考え、議論する道徳」の指導方法を確立することです。私は私なりに、少しだけ、遊び心を入れながら、生徒が「現代社会の中で、人としてどのように行動すればよいのか」を本音で語り合い、自分で判断するヒントが得られるような道徳の指導方法を考えてみたいと思います。

第4章
高校での実践

クラス開きでビブリオバトル

埼玉県立春日部女子高校主任司書　木下通子

学校の概要

　埼玉県立春日部女子高校は、創立100年を超える女子伝統校です。生徒数は3学年で約1000名。「高雅な品格」「凡事徹底」「恩送り」「nobless oblige（与えられた役割を喜んで果たす誇り高い人）」の4つを目指す人間像とし、勉強に部活動に励んでいます。4年制大学へ進学する生徒が約八割をしめる進学校でもあります。女子校ということで、にぎやかで穏やかな生徒が多いのが特徴です。中には、祖母、母、姉妹で本校出身という生徒もいて、伝統校の重みを感じます。

　私は本校に着任して4年目になりますが、読書に関しては、小学校までは読んでいたけれど、中学校になり、忙しくて本を読めなくなったという話をよく聞きます。インターネットが普及し、楽しみとして読書をする時間が減っている昨今、本を読む時間を確保するのは大変なことです。高校に入って、本を読みたいけれども、勉強の課題や部活動に追われて時間が取れないという生徒の声を聞きつつ、何か読書のきっかけになることはないかと模索していたところでした。

ビブリオバトルを行うきっかけ

　埼玉県は魅力ある学校づくりを目指し、2014年から学校進学力パートナーシップ推進校を10校指定しました。本校もその指定校になり、思考力育成プログラムの一環として、ビブリオバトルに取り組むことになりました。

　本校はふだんから図書館利用が多く、先生方の中では「本のことは図書館へ」という共通認識があり、ビブリオバトルも図書館を中心として進めていくことになりました。

　このような経緯でビブリオバトルを行うことになったのですが、経験者もおらず、どのように実施すればよいのかわかりませんでした。そこで、まずは実際にビブリオバトルを見てみたいと考え、図書館関係のつてをたどって、2014年2月に文教大学平正人准教授のゼミのみなさんに本校職員の前で実演していただいたのが、ビブリオバトルの最初の観戦になりました。

　パートナーシップ事業は2014年の4月から実施されることになっており、平准教授にアドバイスを受けながら、すぐにクラス開きを兼ねたビブリオバトルを決行。ビブリオバトルは回数を重ねて実施するほうがいいと考え、図書委員会主催のビブリオバトル。国語科とコラボレー

ションした2年生対象の学年全員ビブリオバトルを開催。ビブリオバトルの魅力にどんどんハマって行きました。

現在では、通常のワークショップ形式のビブリオバトル以外に、ビブリオバトルの発展形として、POPでビブリオバトル、書いてビブリオバトルなど、オリジナルのビブリオバトルにも取り組んでいます。今回の報告では、毎年4月当初に行っている「クラス開きのビブリオバトル」をご紹介します。

導入方法・効果

本校では4月中旬に、1年生全員を対象に学習合宿を行っています。そのレクリエーションを兼ねて、クラス開きのビブリオバトルを行います。ビブリオバトルを取り入れることによって、以下の効果が期待できます。

- 友だち作りのきっかけになる。(コミュニケーション)
- 読書のきっかけになる。(本との出会い)
- 人前で自分の意見を言うチャンス。(プレゼンテーション能力の育成)

導入計画(2015年の例)

3月20日(金)	入学許可候補者説明会で説明
3月23日(月)	手伝いの2、3年生に説明会
4月 8日(水)	入学式
10日(金)11(土)	クラス予選(8クラス)ワークショップ形式
15日(水)	クラス代表決定戦(学習合宿)
17日(金)	決勝戦(学習合宿)

入学許可候補者説明会

受検が終わって高校入学準備のために、新入生が学校に来る大事な説明会です。

ここで、図書館から高校生活と読書・入学直後のビブリオバトルについて7分で説明します。

- 高校生と読書
- ビブリオバトルのルール
- 実例(生徒がやっている様子をビデオで見せる)
- 本選びについて

2、3年生への説明 —— 予選の司会担当

- 1人2クラス、2時間担当します。
- 自分がどのクラスを担当するかは、4月7日(始業式)で連絡。
- 各クラス6班(1班が7人、または6人)に分け、司会をします。

◆クラス予選

事前準備
- 担任が入学式後の連絡で、金、土曜日にビブリオバトルがあることを伝える。
- もし、本を選べていない生徒がいたら、図書館へ行くことを勧める。司書が手助けする。本は入学式の日から借りられる。
- クラスの生徒を6つの班に分ける。

> **❗ 生徒に連絡すること**
> - 本来のビブリオバトルは5分で行いますが、今回は時間の都合で、ミニ・ビブリオバトル（3分）を行います。3分を使い切りましょう。
> - メモを見て話してはいけません。
> - 本を忘れずに持ってくること。

休み時間に
- 休み時間に図書館に移動。
- 手伝いの2、3年生も休み時間に移動。
- 班ごとに指定された座席に着席してチャイムを待つ。
- ワークショップ形式で行う。

導入　開始～5分
- 司書からルール説明。
- 手伝いの2、3年生6名の紹介。
- 1～3班が図書館に残り、4～6班が担任の教員の誘導で会議室に移動。
- 席は事前に指定。

ビブリオバトル　開始後　7分～37分

> **❗** 時計回りに一人3分で本を紹介し、2分質問を受けます。
> メモを見ながら話してはいけません。

- 班ごとに着席したら、進行役の上級生がビブリオバトルカード※を配布し、発表順を決める。
- ビブリオバトルカードを使ってチャンプ本を決定。
- 人に投票するのではなく、「読みたくなった本」に投票。
- ビブリオバトルカードの交換会。
- 班のチャンプ本を紹介した人が学習合宿のクラス代表決定戦へ進む。

※「ビブリオバトル・カード」は、ビブリオバトルにおいて「どの本が一番読みたくなったか」を決めるための名刺サイズの投票用紙。本校では発案者の許可を得て、イラストをつけ、オリジナルのカード（下図）を制作。自己紹介カードとして生徒が記念に持ち帰った。

ただ、「ビブリオバトル・カード」の記入に集中してしまい、質問が出にくいという声も聞かれたため、2016年度にはカードを使用しなかった。

ビブリオバトルカードについては下記URLを参照
http://www.p-cd.org/2013/11/bb-card.html

◆クラス代表決定戦
クラス予選の進め方
- 学習合宿1日目の夜、クラスレクリエーションの形でビブリオバトルを行う。
- 進行は担任が行う。
- イベント形式でバトラー（発表者）が前に出て行う。

> ① 6人でじゃんけんをして、勝った人から発表順を決める。
> ② 前にイスを用意して、発表順にバトラーを座らせる。
> ③ 発表は5分。質問タイムは2分。
> ④ キッチンタイマーを使って行う。
> ⑤ 担任がタイムキープする。
> ⑥ 投票は挙手で。誰が誰に投票したかわかるかどうかは、担任の判断。

◆決勝戦
　全員がホテルの講堂で集まり、クラス代表の8人がバトラーとして登壇し、イベント形式で決勝戦を行う。

　投票は投票用紙を使い、投票箱に入れる形を取る。

授業を終えて

　参加した1年生全員にアンケートを取りました。「ビブリオバトルをやってよかったですか?」という問いには、半数以上の生徒がよかったと答えました。
　生徒からは次のような感想が出されました。

感想の一例

> 発表のスキルをあげたくなった。
> 本を読んでみたくなった。
> 相手に説明する楽しさを知った。
> もっと本を読もうと思った。
> 本に対する関心が高まった。
> 本を読むときの参考になった。
> 本について考え直すようになった。
> 話の順序を考えるようになった。
> 話す楽しさを知った。
> スピーチ力がつくと思った。
> 自分の思いが伝わってうれしかった。
> いろんなジャンルの本を読みたくなった。
> 言葉で説明することは難しいということに気づいた。
> いままで手を出さなかったジャンルを読んでみようと思った。

　まだクラスの友だちの名前もわからない状況でビブリオバトルに取り組むことで、本を通して自分を語ることができ、同じ趣味や関心を持つ友人と出会えるという効果があったようです。
　本校では、このビブリオバトルを皮切りに、以下のようにビブリオバトルを開催しています。

　6月　図書委員会主催で全校生徒対象のワークショップ型
　7月　学力向上委員会主催のイベント型
　9月　図書委員会文化祭で他校生徒も招待したイベント型
　11月　春日部市内の図書委員と研修交流会開催。ワークショップ型
　12月　春日部高校図書委員とワークショップ型でクリスマス会を兼ねて

最初は、上手に発表しなくてはいけない、人前で話せるかしらと心配していた生徒たちでしたが、ビブリオバトルを日常的に行うことで、部活動や自分の都合にあわせて気軽に参加する生徒が増えてきています。

　校内で開催すると同時に、埼玉県内の大会や読売新聞社主催の「全国高等学校ビブリオバトル」にエントリー希望する生徒も現れ、高校を卒業して大学生になってからもビブリオバトルを楽しみたいと考える生徒も出てきました。

　生徒の中には、「春日部女子高校ではビブリオバトルが盛ん」というイメージが定着してきていますが、教職員全体としてはまだまだです。女性の先生で対決するビブリオバトルを一回開催し、ビブリオバトル経験者は少しだけでてきましたが、クラス開きのビブリオバトルの司会を務める担任の先生も、ルールを理解したり、生徒のビブリオバトルを見たことがあっても、自分が経験するという機会はなかなかありません。そこで、2016年度は、新1年生の学年団の先生方に、ビブリオバトルについて説明すると同時に、ワークショップでビブリオバトルを経験していただくことになりました。

　2016年度は、春休み中の学年会の時間に、先生方に向けてビブリオバトルの説明とワークショップの体験を行いました。先生方からも「面白かった」とか「生徒のビブリオバトルをみただけとやってみるのとでは全く違う」という声が聞かれました。

　学校でのビブリオバトルを重ねていくことによって、気がついたことがあります。イベント型は特別なもので、基本はワークショップ型で行うほうが楽しいこと。一見おとなしそうでも、本のことだと話ができる生徒がいます。そういう子にとっては、イベント型に出場するのはハードルが高いでしょう。ワークショップ型を重ねて行うことで、自分の話を聞いてもらえる喜びや自信がつき、イベント型に挑戦するというのが学校で開催するのには向いていると思います。

　また、投票に配慮する必要があることです。イベント型で開催するときに、0票という本がありました。とくにイベント型の場合、みんなの前で発表しているのに自分に1票も入らないというのは、かなりショックだと思います。後ろを向いて票数がわからないようにする、投票箱を使うなど、学校でのイベントの場合、配慮が必要な場合もあるでしょう。

　本を読むことは特別なことではありませんが、忙しい高校生がその時間を確保するのもなかなか難しいのが現状です。それを同じ学校にいる仲間と共有することができるビブリオバトルを、もっと校内で定着させていきたいと思っています。

ビブリオバトルの
イベントを企画しよう！

札幌創成高等学校教諭　イノベーション同好会顧問　渡辺祥介

本校の取り組みの特徴

　学校でビブリオバトルを実践するってどんなパターンが一般的なのでしょうか。本好きな生徒の多い図書局や図書委員会で司書さんや顧問の先生などが声をかけてはじめてみたとか、朝の10分間読書をしている学校でお互いの読んでいる本を紹介し合うとか、国語の先生が授業で取り入れたりとか……、おそらくそんなパターンが多いでしょう。その点、本校のビブリオバトルへの取り組みは一風変わったパターンだと思います。本校ではちょっとマニアックな同好会が主体となって、ビブリオバトルの取り組みを始めたのです。

本校の紹介

　さて、まずは本校の紹介からはじめたいと思います。札幌創成高等学校は、1964年に開校した北海道の札幌市にある私立の男女共学の高等学校です。現在は生徒数約800名。就職・専門学校進学・大学進学と多様な進路を目指す生徒のために5つのコースを設置する、市内では中堅クラスの学校です。近年は部活動も盛んで、太鼓部やサッカー部などは全道・全国レベルで実績を挙げています。こうした部活動の一つが、ビブリオバトルに取り組み始めたマニアックな同好会、その名も「イノベーション同好会」です。

イノベーション同好会って？

　イノベーション同好会と聞いて活動内容を連想できる人はいないでしょう。設立されたのは2012年。大学進学を目指すコースに在籍していた生徒たちの「校外のいろいろなイベントに学校代表として参加したいが、どうすればよいか」という悩みがきっかけです。最近では高校生が外部でプレゼンや発表などを行うイベントが増えています。しかも、高文連など学校関係の団体が必ずしも関係していないものも多い。そういったイベントや企画に、生徒が学校代表として学校の許可を得て参加するのは、けっこうハードルが高いのです。教員の誰が引率するとか、公欠席扱いにできるのかとか、そういう多くの細かい問題があって柔軟にいかないというのは、多分どこの学校にもある問題だと思います。
　そんな状況で生徒たちが思いついたアイディアが「何でもTRY！する部があれば、そこの

部員になることでどんなイベントや企画であっても、部活動として堂々と参加できる！」というものです。生徒たちが「顧問になってくれ」と私のもとに持ってきた新しい同好会の設立趣旨書には、「コミュニケーションやプレゼンテーションの能力を向上させ、これからの社会に貢献できる人材になることを活動目的に、とにかくいろいろなことにTRY！しようという同好会」を新設したいと書かれていました。
（たびたび登場している「TRY！」とは建学の精神「開拓者の精神」に由来する本校の合い言葉です）

　こうしてイノベーション同好会（通称「イノ研」）が誕生しました。イノ研の最初の活動は、ベネッセと東京大学が共同で行なっていた「Socla（ソクラ）」というプロジェクトへの参加です。高校生がソーシャルメディアを活用し、高校生同士や大学生・社会人とのコミュニケーションのなかで学ぶという新しい試みに、イノ研創設メンバーも参加し、大いに刺激を受けている様子でした。

イノ研とビブリオバトルの出会い

　さて、創設メンバーの1期生が2013年に卒業し、2期生たちは次なる活動を模索していました。そのとき、あるメンバーがYouTubeで発見したのが、ビブリオバトルの動画です（おそらく首都決戦の模様だったと思います）。

　初めて観るビブリオバトルでしたが、俄然イノ研メンバーの興味を引きました。当時のメンバーには本好きが多かったですし、スピーチやプレゼンがうまくなりたいというもともとの動機に加えて、ちょうど新入生も加入したばかりで、お互いの理解を深めたいという気持ちもありました。そこでさっそく見よう見まねで実践してみたのです。

　放課後の空き教室で初めてやってみたビブリオバトルは、なかなかひどい出来でした。何しろ誰もやったことがない。しゃべる内容はどの程度事前に考えるものなのか、進行はどうしたらよいのか、そもそも制限時間までしゃべり続けることができない……など、まさに「グダグダ」。そこで盛り上がらないまま終了ということもあり得たのですが、業を煮やした当時の部長が「自分でやり方を聞いてくる！」と、北海道内の活動を支援している「ビブリオバトル北海道」にコンタクトをとることで状況は一変します。

　部長をはじめ何人かの部員がビブリオバトルのイベントを見学したり、実際にバトラーとして発表したりする中で、ノウハウを学び、イノ研のビブリオバトルもどんどんさまになってきたのです。そうすると毎回同じ部員だけでやるのは物足りないという気持ちが芽生えてきます。

そんなところに、本校の「出前講義」でビブリオバトルを実践していただいた室蘭工業大学の須藤先生からの薦めがあり、「自分たちでビブリオバトルの高校生大会を企画し運営したい！」という野望を抱くようになったのです。

高校生大会の企画・運営

「ビブリオバトル高校生大会 in 札幌創成高校」は、2013年9月15日に本校において開催されました。おそらく高校生対象のビブリオバトルのイベントは、北海道初だったのではないでしょうか（当時も自称「道内初」でした）。このイベントは当初から、企画・運営などほぼ100パーセント生徒のみの手で行うということを想定していました。

当日のタイムスケジュールから司会台本、会場設営、広報にいたるまで、すべて生徒が試行

錯誤しながら創りあげていきました。当初バトラーが外部から集まらず盛り上がりに欠けるのではと思われましたが、ぎりぎりになって他校からの参加者が決定。当日は本校生徒教員やOBだけでなく外部からの参観者も含め、約30名程度の観客の前で5名のバトラーがそれぞれの本を紹介。チャンプ本には土壇場参加の他校の生徒が選ばれ、大盛況の内に幕を閉じたのです。

本校でのビブリオバトルのその後の展開

ほぼ自分たちの力で高校生大会を成功させ自信をつけた生徒たちは、その後さまざまな学校行事でビブリオバトルを実践していきました。学校見学会では来校した中学生にビブリオバトルを体験してもらおうと、「歴史の本でバトルしよう！」というタイトルで、社会科の体験授業としての実施を計画しました。中学生には事前に好きな歴史の本を持参してもらい、イノ研の紹介（入学前に部活の勧誘です）、ビブリオバトルの説明などのパワーポイントや教室の装飾などの準備をしたほか、ビブリオバトルの経験のない中学生にも安心して楽しんでもらうた

めのリハーサルなどをくり返しました。「誰がスタッフかすぐにわかるように」とイノ研オリジナルTシャツも作成するほど気合を入れて、当日を迎えました。参加者の人数が事前に把握できず不安もありましたが、中学生3～4名とイノ研部員1名がグループを作り、互いに初対面かつほぼ全員がビブリオバトル初体験の中学生をイノ研部員がうまくリードし、各々のグループを盛り上げることに成功。この体験が決め手となって後に実際に入学してきた生徒もいたほどでした。

　また、学校祭の企画の一つとしてビブリオバトルを行うというアイディアも実現しました。先生vs生徒という趣向で、紹介する本はマンガもOKの何でもあり方式です。一般公開で賑わう校内の、しかもホールというオープンスペースでの実施のため、観客も入れ替わり立ち替わりで、落ち着かない雰囲気でしたが、何とかやりきりました。2年連続で紹介した本がチャンプ本に選ばれ、バトラーとして出場した生徒たちも大いに自信を持った様子でした。学校祭でのビブリオバトルは今後恒例となるかもしれません。

　2014年度には初の高校生の全国大会「全国高等学校ビブリオバトル」の開催を知ります。「道内初」の自負を持つ創成高校イノ研としては、北海道代表の座は譲れないと校内予選を実施し、最強の校内代表を選出しました。代表となったのは当時2年生のイノ研部員、長澤凌君。彼は『ニンジャスレイヤー』シリーズを紹介して、北海道大会を見事勝ち上がり、全国大会に出場をはたしました。イノ研のビブリオバトルへの取り組みが大きな成果をあげた瞬間でした。

ビブリオバトルの魅力

　さて、イノ研の生徒たちはなぜビブリオバトルに魅力を感じ、取り組みだしたのか、改めて考えたいと思います。もともとイノ研はプレゼンテーションの能力を身につけたい、いろいろな人たちとコミュニケーションをとって自分の視野を広げたい、と思っていた生徒たちが集まった同好会です。本を通じてプレゼンテーションやコミュニケーションを行えるビブリオバトルは、彼らのニーズにぴったり合致するものでした。『ビブリオバトル』（谷口忠大著　文春新書　2013年）でも述べられているように、スピーチの訓練になる（スピーチ能力向上機能）と、お互いの理解が深まる（コミュニティ開発機能）という機能は、ビブリオバトルの大きな魅力です。それに加えて、イノ研ではビブリオバトルのイベントを開催することに挑戦しました。自分たちの力でイベントを企画立案し運営するといった経験を積むことで、彼らは主体性や協働性、創造力などの力を育むことができたと思います。ビブリオバトルにはこうした魅力もあるのです。

　イノ研がビブリオバトルの活動で成功した大きな要因の一つが、ビブリオバトルの持つある

種の「ゆるさ」だったように思います。思いついたら何人かで本だけ持って集まってすぐにできる、お互いが対等な立場で感想を言い合えるなどといった自由さ、「ゆるさ」があるからこそ、たどたどしくしかしゃべれなかったり、つかえてしまったり、黙ってしまったりといった失敗をしても、もう一度やってみようという気持ちにさせ、生徒の生き生きとした自発的で主体的な活動が引き出せたのだと思います。

　たとえば、学校見学会で中学生といっしょにビブリオバトルをやってみたいという発想は、この「ゆるさ」がなければ、決して生徒たちから生じることはなかったものだと思います。初対面でビブリオバトルの経験がない中学生とでも、好きな本を紹介したり、質問したりすることはできる。そこから、次々とコミュニケーションが生まれるということを、それまでのビブリオバトルの経験で実感していたからこそ、生徒からの提案があったと思います。

　ビブリオバトルは今後も教育分野、学校現場で取り入れられる可能性が高そうです。本校でも、現在は一つの同好会が担っているビブリオバトルの実践を、教科の授業や特別活動の中で展開していくことも検討されています。その際、この「ゆるさ」を忘れずに、なるべく指導しすぎずに生徒の自発性や主体性を引き出すことに重きを置いていきたいと考えています。

情報科の実習にビブリオバトルを

現・千葉大学アカデミック・リンク・センター特任助教
元・お茶の水女子大学附属高等学校教諭　小野永貴

ビブリオバトル実践までの経緯

　ビブリオバトルを授業で活用する場合、「国語科」や「総合的な学習の時間」で実施されるケースが多いですが、ビブリオバトルは他にも多様な教科で有効活用することができます。その一例として、ここでは、高等学校の「情報科」でビブリオバトルを取り入れた事例を紹介します。

　情報科は、平成12年の高等学校学習指導要領改訂で創設された、新しい共通教科（普通教科）です。創設当初は「情報A」「情報B」「情報C」という3科目構成でしたが、平成22年に再度の改訂があり、現在は「社会と情報」「情報の科学」の2科目となりました。このうち1科目2単位が必履修とされ、現代の高校生は全員必ず学ぶ重要な教科となっています。

　学習内容としては、いわゆるコンピュータの操作やネットワークの仕組みといった技術論のみならず、情報倫理や法制度、メディアリテラシー、問題解決の技法など、情報社会を生きる上で必要なあらゆる能力が含まれています。そして「社会と情報」の科目には、「情報の表現と伝達」という単元も含まれています。この単元について、学習指導要領および同解説には、以下の通り記述されています。

---

(1)　情報の活用と表現
　　ア　情報とメディアの特徴（詳細は省略）
　　イ　情報のディジタル化（詳細は省略）
　　ウ　情報の表現と伝達　情報を分かりやすく表現し効率的に伝達するために，情報機器や素材を適切に選択し利用する方法を習得させる。

(1)　内容の(1)については，情報の信頼性，信憑性及び著作権などに配慮したコンテンツの作成を通して扱うこと。（中略）ウについては，実習を中心に扱い，生徒同士で相互評価させる活動を取り入れること。

（文部科学省「高等学校学習指導要領」pp.101-102 より）

ウ　情報の表現・伝達の工夫
　　実習を中心に，適切な例題を通して，コンピュータや情報機器を活用して多様な形態の情報を統合化し，伝えたい情報を分かりやすく表現するために必要な基礎的な知識と技能を習得させる。その際，アで取り上げた情報の信頼性・信憑性の評価，イで取り上げ

> た情報のディジタル化の仕組みや情報機器の適切な選択に関する学習を踏まえて指導するとともに，生徒同士で相互評価させる活動を取り入れる。また，目的や情報の受信者の状況などに応じて情報の表現技法及び情報機器を選択させたり，問題解決の手順を踏まえながら，あらかじめ作業の手順や素材を選択させたり，生徒自身に検討させたりする活動を取り入れる。同じ情報をプロジェクタなどを使って提示する場合と，ポスターや新聞などの紙媒体に印刷して提示する場合とを比較させる活動なども考えられる。

（文部科学省「高等学校学習指導要領解説　情報編」p.18より）

　学習指導要領解説にも書いてある通り、この単元では、多くの場合PCとプロジェクタを使ったプレゼンテーションを指導します。
　一方で、中学時代までに発表学習をあまり経験せずに高校へ入学する生徒も多く、本校のように1年次で情報科を開講する学校においては、生徒の多くが発表行為に強い苦手意識をもっている場合も少なくありません。そのような生徒には、突然PCでスライド（いわゆるPowerPoint）の制作をさせるよりも、まず「自分の思考を他者に伝えて説得することは楽しい」という気持ちを体感させる導入的授業を入れたほうが、円滑にステップアップできるのではないかと考えました。
　そして、この目的を達成するための授業題材として、ビブリオバトルはピッタリではないかと気づいたわけです。ビブリオバトルの公式ルールと学習指導要領の趣旨を照らし合わせると、情報科でビブリオバトルを実施することは、以下のような効果が期待できるのではないかと考えました。

> （1）本を紹介するというテーマは、他の課題研究などの発表に比べてハードルが低い題材であると考えられる。ビブリオバトルは特段本の種類を限定しておらず、教科書や辞書・辞典、資料集や写真集なども本の一種に含まれるため、学校に通っている生徒であれば、何らか本に類するものを手にとったことがあると期待できる。そのため、全員が必ず何らかの形で参加できる、平等性の高いテーマとなり得る。
> （2）発表に対する苦手意識をもち、大人数の前できちんと話すことは堅苦しい・恥ずかしいと感じている生徒は多い。ゲーム性の高い発表機会を体験することで、これらの固定観念を崩し、他者と情報共有する場としての楽しさに気づいてもらうきっかけとなり得るのではないか。
> （3）プレゼンテーションとは、口演内容・話題転換・口調・表情・身振り手振り・実演やデモなどのさまざまな工夫を組み合わせて、自分が伝えたい情報を他者へ効果的に伝えるための、総合的な情報伝達手段である。よって本来は、自分が伝えたい内容を頭の中で明確にし、その思考を発表計画へと具現化する中で、補助資料の一形態としてPCを用いたスライド提示が検討されるはずである。しかし、PCでのスライド制作を最初に経験してしまうと、ついスライドの中に伝えたい内容の全てを書きこみ、それを読み上

げる発表スタイルが定着してしまいがちである。そこで、まずはPCに依存しない口頭発表を経験してもらうことで、自分の思考を他者へ伝えるという基本的な心構えや、スライド外の工夫点を自然に発想できるのではないか。

(4) 学会や商談など、実社会におけるプレゼンテーションの場は時間厳守である場合が多い。時間ちょうどの発表を行うためには、発表時間の感覚をつかむことが大切であるが、5分間ちょうどのビブリオバトルをくり返し体験することで、5分間でどの程度話せるかという感覚を得やすいと考えられる。また、ビブリオバトルは時間を超えても余らせてもいけないため、時間が余ったら別観点からの付加的内容を追加で話す、時間がオーバーしそうな場合は適宜話を要約する、といった努力が自然と体得されるのではないか。

(5) 質疑応答と投票を意識することで、聞き手が発表に集中し、聴衆としての態度が向上するのではないか。また、プレゼンテーション実習には相互評価が欠かせないが、最初は友人関係などを気にして、低い評価をつけることを避ける場合も多い。そのような中、ビブリオバトルの投票は人物評価ではないことが強調されているため、発表者に対して過剰な配慮をすることなく、内容に対してフェアな評価を行う思考経験が積めるのではないか。

(6) 発表者自身も、目的を強く意識したプレゼンテーションを経験できる。多くのプレゼンテーションは、発表すること自体が重要なわけではなく、それを通して何らかの目的を達成することが最終目標となる。しかし、発表準備に没頭すると、つい発表すること自体に満足してしまう場合も多く、何のために発表をするのかという目的意識を忘れがちである。ビブリオバトルは最後に投票というゲーム性を取り入れることで、「聴衆にこの本を読ませたくする」という目的をたえず意識して発表準備ができ、目的達成手段としてのプレゼンテーション計画という認識が形成されるのではないか。

つまり、他者に伝えたい本を自分で選び（収集）、他者に効果的に伝えるための構成を考え（編集）、自分の言葉で語って（発信）、その成果を相互に議論する（評価）、という情報発信を構成する一連の活動を楽しく体験できるゲームとして、格好の単元導入題材であると考えました。

なお、このような趣旨もあり、全員必修の授業においては、学年全体で優勝者を決定したり、何らかのコンクール出場のための予選と紐つけたりすることは行っていません。対外的な競技としての活動は授業とは切り離し、学校司書や図書委員会生徒と連携しながら、希望者を募って課外活動として運営しました。

ビブリオバトル実践にあたって

本校では、2011年～2013年にかけて、1年次必修「社会と情報」（旧課程では「情報A」）にビブリオバトルを導入してきました。1年目はコミュニケーションゲームの一つとしてルー

ルや発表事例動画を紹介し、自主的に遊ぶきっかけを提供するのみでしたが、2年目は1学期に1回実施、3年目は1学期に1回と2学期に1回の計2回実施、というように毎年少しずつ規模を拡大してきました。本稿では、3年目の実践事例を紹介します。

　1学期は、学期後半の「情報の表現・伝達の工夫」の単元において、プレゼンテーション教育の一環として、以下のような単元計画で実施しました。本単元では、最初に先人たちのプレゼンテーションの動画を見て、発表のロールモデルとしてよい点を見習います。その後、まずは資料を用いない口頭発表の導入としてビブリオバトルを試み、最後にPCとスライド資料を用いたプレゼンテーションに取り組みます。
　このように、段階的に高度な実習へとステップアップさせるにあたり、導入的実習題材としてビブリオバトルはちょうどよいゲームでした。とくに、YouTubeなどの動画共有サイトで、過去のビブリオバトラーたちの発表動画が多数公開されているため、ロールモデルを容易に発見しやすいことも大きな利点でした。

　2学期には、学期後半の「情報通信ネットワークの活用とコミュニケーション」の単元において、情報発信活動の総合演習題材として、p.116の表のような単元計画で実施しました。この単元は、WWWの基本技術から多様なWebシステムの特性、動画の収録とオンライン共有による集合知[※](p.116[注]参照)への貢献までを連続的に学びつつ、これらを安全に処理するための知的財産権遵守や個人情報保護の技術を知る構成となっています。そして、これらの知見を総合的に活かす実習の題材として、ビブリオバトルの模擬大会の開催とその動画共有を設定しました。
　1学期は教員主導の下でクラス全員がビブリオバトルの発表を体験しましたが、2学期は生徒自身でビブリオバトルの模擬大会を主催する実習として実施しました。希望者のみが発表する形とし、司会や動画撮影などの裏方運営者も自主的に役割分担しました。これは、生徒たちが将来的にはゼミや勉強会、研究会や学会などに参画していくであろうことを想定し、自分自身が発表するだけでなく、他の発表者が快適に発表できる環境を構築することや、発表内容を蓄積して後生に伝えていくことが重要である、という意識を培うことを目指しています。いわば、情報共有の場を「創る側」の人間になれる素養の育成です。
　現代の情報共有には、Webやマルチメディアの技術が欠かせません。多くの研究会や学会は、講演要旨や会議録をWeb上で共有して非参加者へも情報共有すると同時に、近年は発表の様子を動画で公開する場合も多々あります。また、それらの情報をもとにソーシャルメディア上で議論が行われることで、発表がその場限りのものではなく、継続的なWeb上での集合知形成に貢献していく場合もあり得ます。このような、現実世界の情報共有とオンラインの情報共有が連動する文化を体感してもらい、情報共有の場の創造に必要な要素技術を体得してもらう実習題材として、ビブリオバトルはやはりピッタリなものでした。全国で行われている実際のビブリオバトルでも、多くの発表動画がWeb上で共有され、書評の映像データベースとして

集合知が形成されているため、手本にしやすい題材であったわけです。

1学期　単元「情報の表現・伝達の工夫」

	第一次：個人ごとによるプレゼンテーション発表の基礎技術習得
第1時〜第2時	**プレゼンテーションの目的・意義・機会・手法の理解** ・授業での課題発表、部活動やサークル，大学の推薦、AO入試、ゼミや卒業研究、就活や営業等、人生の中でプレゼンテーションを行い得る機会を考える。 ・評価の高いプレゼンテーション事例（TED Conference、Apple創業者スティーブ・ジョブズや任天堂元社長岩田聡氏製品発表会、本校先輩方がコンテストで入賞したときのプレゼン等）の動画鑑賞を通して、見習える工夫点を発見する。 ・プレゼンテーションの一般的構成として、背景・目的・手法・考察・結論（IMRAD構造）の流れを知る。
	第二次：PCによらずに他者を説得する口頭発表の導入
第3時〜第4時	**口頭発表の練習：クラス内ビブリオバトル（知的書評合戦）の実施** ・PCによらない書評発表を体験し、思考を言語化して他者を説得することの難しさを体感する。目的に対応した相互投票を通してフェアな評価の姿勢を獲得する。5分間の時間感覚を体得したうえで、自己の発表の改善点や苦手傾向を把握する。 ・次週に向けて、「クラスの人々へお薦めしたいもの」をテーマに、各自で好きな趣味や食べ物、文化や芸能などから自由に題目を考えてくる。紙の上で大まかに発表構成を考えてくるように指示する。
	第三次：PCを用いた情報可視化の工夫と成果発表・ふり返り
第5時〜第6時	**プレゼンテーション制作実習1：プレゼンテーションソフトウェアの理解** ・Microsoft PowerPointを用い、考えてきた発表構成をスライドへおこしていく。それを通し、プレゼンテーションソフトウェアの機能や、マルチメディアにより情報を可視化する利点を知る。 ・スライドに用いる画像等素材を安全に収集できるよう、知的財産権の復習も行う。（とくに著作権法第35条の「学校等での授業の過程の複製」の権利制限規定）
第7時〜第8時	**プレゼンテーション制作実習2：発表練習・プレゼンテーションツールの効果的利用** ・前週に引き続きスライド制作を進めたうえで、授業の後半では必ず1回は発表練習を行う。（個人練習および隣席の人と相互に練習）　ビブリオバトルの経験をふまえ、5分間を厳守できるよう内容を調整する。 ・指示棒やレーザーポインタ、プレゼンテーションリモコン等の支援ツールについて知り、第一次での学習成果もふまえ効果的な発表方法を検討する。
第9時〜第10時	**最終発表会：相互評価と改善点の自己発見** ・1人あたり発表5分＋質疑2分＋交代1分を持ち時間とし、グループごとに発表会を行う。これを通し、スムーズに発表会を進める運営への相互協力能力や、あるべき聴衆の姿勢の獲得を目指す。 ・第一次〜第二次で学習したことを発揮できたかどうか、自己評価・相互評価を行い、今後の将来的な発表機会に向けて改善点をレビューする。

2学期　単元「情報通信ネットワークの活用とコミュニケーション」

	第一次：World Wide Web を支える基礎技術
第1時〜第3時	**WWW 技術と情報検索システムの理解** ・技術の発展によって、さまざまなデバイスから容易にインターネット上の情報へアクセス可能となった流れを知る。（クライアントサーバシステム、HTTP、HTML 等） ・Web 上に集積された膨大な情報から、効率的に目的の情報を得るための仕組みとして、情報検索技術が発展してきた流れを知る。（論理検索、ロボット型検索エンジン、インターネットアーカイブ等）
	第二次：現代の情報共有の文化と、それを支えるシステム
第4時〜第5時	**Web 上の情報共有システムの概観と特性認識** ・Web 上での情報共有を支えるシステムとして、ブログ、CMS、Wiki 等の仕組みを知る。 ・Q&A サイトや Wikipedia 等の Web サイトにおける、実際の記事分析をもとに、ソーシャルメディアの文化や集合知の特性について学ぶ。
	第三次：Web 上への情報発信と集合知への貢献
第6時〜第9時	**Web サイト共同構築実習：Wiki を用いた校内情報共有サイトの編集** ・Wiki システムの一種を校内サーバに設置し、クラス全員で 1 つの Web サイトを共同編集する。まずは校内用語事典サイトの構築を目指して、Wiki 記法を用いた記事を投稿し、構造的かつ見やすい文書の表現技術を体得する。 ・記事の解説に必要な画像の収集と Wiki への投稿を通し、Web 上での安全な画像の扱いを学ぶ。（クリエイティブ・コモンズ・ライセンス、引用や出所明記等）
第10時〜第11時【本時】	**情報共有の場の運営とオンラインへの発信：クラス内ビブリオバトルの運営と記録** ・現実世界での情報共有をデジタル情報として記録し、オンラインへ発信することで、情報共有の場を同期から非同期へと拡張していくことができる。そのために必要な要素技術を知り、主体的に情報共有の場を運営する経験をつむ。 ・映像コンテンツの撮影から投稿・編集までの一連の処理を体験し、Web 上でのマルチメディア情報の統合技術を学ぶ。動画共有サイト上でのアクセス権や肖像保護の設定を通し、個人情報の扱いやプライバシー保護の意識を高める。 ・これらの実習題材として、クラス内ビブリオバトルを生徒同士で運営し、その様子を動画で記録し、前時までに作成した校内情報共有サイトへ投稿する。
第12時	**集合知としての成果物の評価** ・前時までに蓄積された記事や動画を相互に参照し、集合知としての評価を行う。"要出典"や"秀逸な記事"といったタグを付与したり、クラス間での成果物の相違を比較することで、複数人で情報を共同編集することの意義と特性を理解する。

※集合知：専門家や有識者に限らず、一般の個人が持つ情報を数多く集めて蓄積や分析をすることで、有用な知識が得られるのではないか、という概念。および、そのように形成された大規模な知識のこと。オンライン百科事典 Wikipedia をはじめとするさまざまな Web 上のサービスは、この考え方に支えられているといえる。ビブリオバトルも、公式ルール上では発表動画を YouTube 等で公開することが推奨されている。もし多くの発表者から動画が公開され、それを集合知としてまとめれば、一般人の生の声による大規模な書評データベースができあがるだろう。

実際の授業の様子 （2学期　第10～11時の例）

本時の目標

(1) 動画による情報共有が有効な場面を理解し、Web技術の発展によって、現実世界の多様な情報共有の場でも動画が活用されていることを知る。

(2) ビブリオバトルの模擬大会の開催を通して、情報共有の場を運営する技術やスキルを習得する。将来、ゼミや研究会・学会などの情報共有の場に直面した際に、運営者として円滑に能力を発揮できるようになる。

(3) 発表者担当の生徒は1学期に習得したプレゼンテーション口頭発表の技術や工夫点を生かし、効果的なプレゼンテーションを行い、1学期の学習成果を発揮することを目指す。聴衆担当の生徒は、1学期に習得した聴衆の態度や発表者への適正な評価を行い、発表を聞く者としての在り方を身につける。

(4) 現実世界の情報共有を、Web上での情報共有へと拡げるための動画発信手法を習得し、Web上の集合知に積極的に貢献する意欲を養う。

(5) Web上への情報発信時に検討すべき点として、自身の著作物の知的財産権の意思表示や、肖像権を保護する編集技術など、情報の「活用」と「保護」のバランスを考え、そのために利用可能な技術を体得する。

準備

- 生徒実習用PC
- プロジェクタおよびスクリーン
- タブレット端末
- タイムキーパー用ベルおよびタイマーソフトウェア
- 自己評価シート・運営状況評価シート・相互評価シート
- 教員用PCおよび集中管理システム
- 無線LAN環境

本時の展開

	授業内容	学習活動	留意点
導入 10分	※ホームルーム教室へ集合させる。 ■前回までの作業成果をふり返りながら、簡単に既習事項の流れを復習する。 ・校内百科事典の作業の成果や、"秀逸な記事"を簡単に紹介する。 ■マルチメディアによる情報共有に関して、身近な動画活用の事例を考える。 ・実社会における動画による情報共有事例として、TED、ニコニコ学会、MOOC、イベント生中継、Amazonビデオレビュー等を紹介する。 ・動画による情報共有を円滑にできるようになるべく、今日はその模擬体験を行うことを伝える。	教科書を参照しながら、思いついた身近な事例を発話する。 各種事例の画面を見ながら、関心を抱いたものは名称やURLをメモし、授業後に各自でアクセスする。	最初に素早く出席を確認し、とくに発表者で欠席がいないか確認する。 技術の発展により、テキスト・画像・動画という情報共有メディアの変遷があったことを認識できるように、流れを強調して説明する。

	学習活動	学習上の留意点	指導上の留意点
展開Ⅰ 35分	■情報共有の場を運営する模擬体験として、クラス内のビブリオバトルを実施する。 ・あらかじめ指定したグループ内で、各自で運営を進める。 ・グループ内で、発表者以外に、司会・タイムキーパー・カメラ撮影係・聴衆の役割を分担し、ローテーションで交代する。 ・カメラ撮影係は、タブレット端末を用いて動画の撮影を行う。 ・タイムキーパーは、タブレット端末のタイマーアプリを用いて時間を表示する作業を行う。 ・発表者は、「この本を読みたい」と思わせることを目的として5分間発表し、その後2分間の質疑応答時間をとる。 ・発表者は自己評価シートおよび運営状況評価シートに記入する。 ・全発表者が終了したら、グループ内で「どの本が一番読みたくなったか」という観点で投票を行い、チャンプ本を決定する。	1学期に学習したプレゼンテーションの留意点を思い出しながら、発表や質疑応答、相互評価を行う。 タブレット端末を用いたカメラ撮影の手法や、各種アプリの活用方法を習得する。 今回は、情報共有の場としての運営状況の評価も行う。	時間が大幅に遅延しているグループがないか、巡回しながら確認する。 撮影係のカメラが転倒の危険性がないか、巡回しながら安全確認する。 発表者番号を記した紙を事前配布し、全員同時に提示させることで、できるだけ短時間で投票が終わるようにする。
展開Ⅱ 40分	※コンピュータ室に移動させる。 ■撮影した発表映像を、Web上へ安全に投稿し共有する実習を行う。 ・最初は「非公開」の設定で動画を送信し、設定に問題ないことを確認してから「限定公開」へ変更する。 ・肖像権を保護するためのぼかし技術を紹介し、YouTube上で適用する。著作権の意思表示としてクリエイティブ・コモンズ・ライセンスを設定したり、アノテーションを付与したりして、効果的な情報発信の工夫ができることを紹介する。 ■YouTubeに投稿された動画を、校内Wikiへ埋め込む作業を行う。	タブレット端末上から、撮影した動画をYouTubeへ送信する操作を行う。 動画を安全かつ効果的に発信するために有効な工夫を考えながら、YouTube上で編集作業を行う。 動画を扱うWiki記法を学び、記述する。	他のクラスは授業中のため、静かに移動するように指示する。 動画の送信に時間がかかるため、その間に次の作業の説明を行う。
まとめ 5分	■本時の学習内容を、学校行事や他教科でも活かしてほしいことを伝える。 ・本校のダンスコンクールや体育祭での活用事例や、注意点を伝える。 ・2年次は家庭科の授業等でタブレット端末を用いた動画撮影を行っていることを伝える。	上級生の活用事例の映像や、他の授業における活用風景の写真を参照する。	次週予告として、集合知としての評価を相互に行うことを強調する。

授業を終えて

　情報科としてビブリオバトルを導入する事例は全国的にもきわめて少なく、本校としても生徒の自主運営という発展形態で実施したことは初の試みでしたが、概ね当初の期待を達成しており、効果的な題材であったと考えています。とくに、生徒の発表は非常に活気があり、教員からみても生徒が輝いて見えるほどでした。司会・タイムキーパーや映像撮影役の生徒も円滑に業務を行い、発表者を引き立たせていたうえ、聴衆も盛んに質疑応答を行っており、全体として非常に良好な運営状態であったといえます。

　このような授業を実現できた要因は大きく2つあると考えています。1つは、本授業の構成要素となる関連技術や実習を、一連の情報発信活動の文脈の中に位置づけて実施し、段階的に習得してきたことです。教科書上の単元分けに従って体系的に学ぶことも重要ですが、実際の社会生活の中の場面における情報活用手段として定着させるためには、単元を横断した総合実習は必要であり、そのための題材としてビブリオバトルを文脈中に位置づけたことは効果的であったと考えています。

　2つめは、生徒が円滑に運営できるよう、教室内の会場配置を工夫したことです。本授業はホームルーム教室内に4グループが混在し、同時並列で発表会を進行するスタイルをとりましたが、低いパーティションや自立型スクリーンを用いて教室を4分割し、各グループがさながら専用会場のように目の前の聴衆に集中できる発表空間を設計しました。そのためには、発表者同士が立つ方向が互い違いになるよう椅子配置を微調整したり、狭い会場で移動中に映像撮影機材が転倒しないよう養生テープで固定したりと、細かい工夫が必要でした。（写真1、2参照）

写真1　発表会場の一部および司会やカメラ撮影係の業務の様子

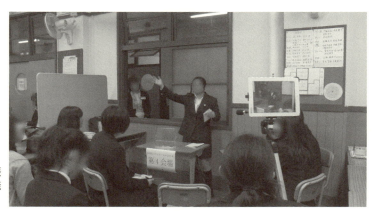

写真2　本を片手に身振り手振りを交えて白熱した発表を行う生徒

写真3　過去に試みた配置の例：
　　　　普通教室で班ごとに島をつくる形態

写真4　過去に試みた配置の例：
　　　　大教室を画一的に区切って
　　　　発表ブースをつくる例

写真5　過去に試みた配置の例：
　　　　コンピュータ教室内に
　　　　分散して集まる例

　このような会場設計は、毎年異なる教室配置で何度も試行錯誤し、情報科としてビブリオバトルをもっとも効果的に実施できる空間を追究してきた結果です。たとえば、写真3〜写真5のように、普通教室以外にも大教室やコンピュータ教室も使って多数の配置を試みました。そしてその度に、展開されるビブリオバトルの雰囲気は、全く異なる様相を示しました。

　写真3の形態では、発表よりも議論に重きがおかれる緩やかな雰囲気になり、写真4の形態では発表時に熱く力説する人が多い雰囲気となりました。まさに、「環境はコミュニケーションの質を左右する」ということを痛感したわけです。

　今回は情報科における一例を紹介しましたが、どのような環境が理想かということは、おそらく学校や教科、目標や文脈などによって大きく異なります。既存の設備や枠組にとらわれず、ビブリオバトルのよさを生かせる新たな環境づくりに、チャレンジしてみてください。

（この内容は、お茶の水女子大学附属高等学校研究紀要第59号にて報告した実践について、大幅に加筆修正を行い再録したものです）

卒論で
ビブリオバトルに取り組む

立命館大学スポーツ健康科学部　片桐陽

　私は3年前から、滋賀県内の高等学校におけるビブリオバトル普及活動に携わっており、卒業論文においても高等学校のビブリオバトルの有効性を研究し、大学生活の三分の一ほどをビブリオバトル普及活動に捧げてきました。ここでは、高等学校におけるビブリオバトル普及活動の事例を取り上げ、私の卒業研究の結果も踏まえながら、高等学校におけるビブリオバトルがより実りあるものになる方法を紹介したいと思います。

導入の考察とポイント

　滋賀県では、3年前から高等学校におけるビブリオバトル普及活動のための予算が組まれ、授業内におけるビブリオバトルの導入や、滋賀県高校生ビブリオバトル大会の開催などが実施されています。私は滋賀県内の高等学校に出向き、ビブリオバトルについての説明や実演、先生向けの説明会、講演会などを行ってきました。今回はその中でも、授業内におけるビブリオバトルの導入や、その実施方法、注意点をピックアップして説明します。ビブリオバトルを授業内で行うオーソドックスな手順は、次の（1）から（3）です。

> （1）ビブリオバトルとは何かについて説明する。
> （2）ビブリオバトルがどんなものか実演する。
> （3）複数のグループに分かれて、先生や指導者も含めて、いっしょにビブリオバトルをしてみる。

　（1）において重要なことは、ビブリオバトルは遊びであることや、その趣旨を説明することです。ただ単にビブリオバトルのルールを説明するのではなく、ビブリオバトルの魅力である「人を通して本を知る　本を通して人を知る」とはどういうことなのか、あるいは実際に自分がビブリオバトルをしていて魅力に感じることは何か、を伝えることが大切です。
　（2）でのポイントは、実演する本人がビブリオバトルを楽しむことです。実際にやっている人が楽しそうではない遊びを、やってみたいとは思いませんよね？　自分がビブリオバトルを思う存分楽しむことが大切です。
　（3）では、グループを無作為につくることと、先生や指導者も、生徒と混ざってビブリオバトルをすることの2つが重要です。前者については、友だち同士でグループを作ると、ビブリ

オバトルではなく、単なる雑談になってしまう危険性があることが理由です。席が近い生徒同士や、仲のいい生徒同士が同じグループになると、ただの雑談となる傾向があるようです。

　3年間普及活動を現場で見てきた私が考える、もっともうまくいく方法は、3学年を混ぜて取り組むこと、つまり同じグループ内に1年生から3年生までが存在する状態をつくることです。実際にビブリオバトルを1、2年生の選択授業として導入した場合では、初対面の生徒が多いことから、雑談になることなくうまくいったと感じています。また本を通じて、学年間の縦のコミュニケーションを促進することにも寄与すると感じました。後述しますが、こうすることで、相互投票の平等性を確保することにもつながります。

　また、先生や指導者が監督するよりも、生徒のグループに混ざって、いっしょにビブリオバトルをしたほうが授業という色が薄れ、遊びという色が濃くなり、考案者の谷口忠大氏の『ビブリオバトル』という本にもあるように、ビブリオバトル本来のあり方に近づくと思います。

　（1）から（3）で重要なポイントを紹介しましたが、ビブリオバトルを授業内で行う前に、やっておいてほしいことがあります。それは先生自身がビブリオバトルを体験してみるということです。高等学校におけるビブリオバトルの導入にあたって、国語の先生や図書館の司書さんが先頭に立って導入を進めてくれることが多いのですが、実際に多クラスにわたってビブリオバトルを行うとなると、他の先生の協力が必要になります。ですので、その際には他の先生も含めて事前にビブリオバトルをしてみてください。ビブリオバトルの経験のない人にビブリオバトルを勧められても、やってみようという気持ちにはならないからです。読書をあまりしないという先生もおられるとは思いますが、自分の好きな本について5分間語るだけです。いつも教壇に立たれている先生方なら難しくはないはずです。仕事帰りに、お酒でも飲みながら、ぜひビブリオバトルを楽しんでみてください。

ビブリオバトルの効果と実践におけるポイント

　次に授業内におけるビブリオバトルを科学的に研究した結果と、そこから得られた重要なポイントについて述べます。

　私はビブリオバトルが生徒の持つどのような能力を促進し、学校生活全体に対する満足度にどのような影響を与えるかを明らかにする研究を行いました。その結果、次の三つのことがわかりました。

（1）ビブリオバトルは生徒のソーシャルスキルの向上に寄与し、学校生活における不満足を感じにくくさせる。
（2）ビブリオバトルを通じて、発表における自信を持てるようになることで、学校生活における満足を感じやすくなる。
（3）ビブリオバトルの中で、クラスメートのことを理解しようという行

> 為は、よいほうにもわるいほうにも転び、よいほうに転んだ場合は学校生活に満足を、わるいほうに転んだ場合は不満足をもたらす。

　まず（1）について説明します。ソーシャルスキルとは、生徒が他のクラスメートとのコミュニケーションを円滑に進められる能力のことです。たとえば、周囲の状況に適応できる、所謂（いわゆる）空気を読むといった行動や、相手がどう感じるか、どう考えるかを考えて行動することがソーシャルスキルにあたります。ビブリオバトルは、このソーシャルスキルの向上に寄与します。対人関係を円滑に進められるようになることで、学校生活の中で、不満足を感じにくくなります。

　次に（2）について説明します。ビブリオバトルでは、プレゼンテーションツールなどを用いず、即興的なプレゼンテーションで、自分の身体と本のみで発表を行います。人前で発表することに慣れていない高校生が5分間話すことは難しいかもしれません。しかし難しいからこそ、そこから得られるものも大きいのです。即興的なプレゼンテーションを通じて発表に自信を持てるようになることで、学校生活に対する満足度は向上します。即興性が大切なので、授業内におけるビブリオバトルでは、原稿などをあらかじめ準備することはやめましょう。ビブリオバトルにおいて、原稿を見ながら発表することはご法度です。

　しかしながら、現場では「授業である」といった意識からか、原稿を準備させてしまっている事例も幾度か見かけることがありました。さらには、先生が生徒の原稿を書くという非常に残念な事例も存在しました。生徒が発表の際に頭が真っ白になってしまい、何も話せなくなってしまうことを危惧する気持ちもわかりますが、生徒がビブリオバトルを通じて自分の発表に自信を持てるようになるためにも、原稿を準備することは控えてほしいと思います。失敗しても大丈夫です。ビブリオバトルは遊びですし、そもそも学校は失敗を重ねる場所だと思います。仮に生徒が何も話せなくなってしまった場合には、先生や生徒から「その本のどこがお勧めなの？」、「その本と出会ったきっかけは？」、「どの登場人物が一番好き？」などと発表のポイントを引き出していくといいのではないかと思います。授業内で行うとしても、ビブリオバトルは「遊び」であることを忘れないでほしいと思います。

　最後に（3）について述べます。生徒はビブリオバトルの中でクラスメートのことを理解しようと努めます。クラスメートが読んでみたいと思う本を紹介したほうがチャンプ本を獲得しやすく、紹介した本が今後のコミュニケーションのきっかけとなるからです。この行為がよい方向に転ぶ場合としては、チャンプ本を獲得できた場合や、チャンプ本を獲得できなくても、紹介した本が今後のコミュニケーションのきっかけとなり、クラスメートとの関係性が良好になった場合です。この場合には学校生活に満足を感じるようになります。

　わるいほうに転ぶ場合としては、みんなが読んでみたくなる本や、自分が好きな本を紹介してみたものの、それに対して何のリアクションも得られない場合です。相互投票において票を獲得することもリアクションのひとつですが、他にもビブリオバトル終了後の会話などのコミュニケーションもリアクションとなります。

たとえば、紹介した本や著者についてくわしく聞かれることもあるでしょう。また、紹介した本を通じて表現された自分のパーソナリティに関するやりとりなどもリアクションとなります。これらのリアクションが何もない場合には学校生活に不満足を感じるという研究結果でした。よって、これらの結果から、ビブリオバトルを授業内で行う際に配慮すべき点として、「公平にチャンプ本を決めること」と「ビブリオバトル終了後に生徒間でコミュニケーションが取れる時間を設けること」が挙げられます。

　前者に関しては、ビブリオバトルの原則である「どの本が一番読みたくなったか」という基準に基づいた投票を遵守することが重要です。生徒が既存の人間関係に依存した投票を行ってしまうと、公正にチャンプ本が決定されません。

　たとえば「○○さんと仲がいいから」といった理由や、「○○さんはきらいだから」といった理由で投票が行われてしまう場合です。投票する理由は、仲がいいからわるいからといったことに依存せず、純粋にどの本が一番読みたくなったか、という基準で投票することが大切です。このためには、投票前に先生からもう一度投票基準について注意を促すことが効果的です。

　後者については、ビブリオバトル終了後に、紹介された本について生徒間で話をする時間を設けることが有効であると考えられます。生徒が自発的に行うことがもっとも望ましいですが、それが行われやすいような配慮をするとよいと思います。

　たとえば、チャンプ本を決めて拍手をして終わりではなく、その後に「では今日紹介された本について、グループで話し合ってみましょう」といった時間を設けるといったように、ビブリオバトル後のコミュニケーションに先生が配慮することによって、生徒がビブリオバトルをしてよかったなと思えることにつながると思います。

　ここでは、私の３年間現場に関わってきた経験則と、科学的な研究結果から、高校生におけるビブリオバトルの現状と、授業内のビブリオバトルをうまく進めるためのポイントを紐解いてみました。ここで紹介したことが、これから実施されていくビブリオバトル、あるいは現時点で実施されているビブリオバトルに少しでも寄与できれば幸いです。ビブリオバトルが、楽しい遊びであり続けるために、私自身、これからも努力を続けていきたいと思います。

教員志望の大学生にも大人気！

全国SLA学校図書館スーパーバイザー
東京学芸大学非常勤講師　高見京子

　私は現在大学の非常勤講師として、司書教諭資格課程の読書指導に関しての科目を担当しており、読書への関心を高める方法としてブックトークや読書会・読み聞かせなどさまざまな活動を行っています。その中で、学生たちに一番人気があるのがビブリオバトルです。

　少人数のクラスでも200人近くのクラスでも、とにかく5、6人のグループを作って、ワークショップ形式で行います。前の週に、次週は「自分が読んで面白かった本」を持ってくることを指示し、当日、ルールについて2、30分解説したあとに行います。次の時間にそのチャンプ本発表者にバトラーになってもらい、イベント形式で行います。違いを学生に体感してもらうためです。イベント形式のときは司会も学生にしてもらいます。

　終了後に感想を書いてもらうと、圧倒的に多いのが「楽しかった！」なのです。

　そのほかの感想をいくつか挙げてみます。

> 「久しぶりに本が読みたいと思った」
> 「普段読まないジャンルの本にも興味がわいてきた」
> 「読みたい本が増えてしまい、夏休みが忙しくなりそうです」
> 「読んだ本だったが、もう一度読んでみたいと思った」
> 「知っている本も『そういう視点があるのか！』と新たな発見があって面白かった」
> 「バトラーの熱心さが聴衆に『読んでみたい』という思いを掻き立てるのだと考えた」
> 「人の好きな本と言うのはとても興味があります。自分が興味のなかったものはなおさらです」
> 「それぞれの紹介する本も多彩だったし、紹介の仕方も特徴があり、人がらが出るものだと感じた」
> 「バトラーになって一番思ったことは『自分ってこういうことを考えていたんだ』と気づけたことだった」
> 「面白いと思ったら人は語りたくなるものだ」などなど。

　体験後の感想だけでなく、講義最後のまとめで印象に残った読書指導体験を書いてもらうと、ビブリオバトルを挙げる学生が圧倒的に多いのです。

次のような教員志望の学生たちらしい感想もありました。

「ビブリオバトルは、断然読みたいと思わせるものでした。学校現場でやるなら、まず先生が何回かＨＲでやってみせてからやってみるといいと思いました」
「情報の取捨選択ということの学習、相手を同調の世界に引きずり込む話し方の学習、といった意味でも、他の教科とのつながりを意識して実践してみたい活動だ」
「紹介された本を学級文庫において自由に読めるようにしたい」
「大学生ですら楽しいと思えたので、小・中学生はとても盛り上がるはず！」
「その人の言葉で本を紹介するのでとても興味が持てる。いかに魅力的に紹介するかを考えて活動するので表現力、話す力もつく。子どもはバトルと聞いただけで燃える」

　これらの感想からもわかるように、ビブリオバトルはまさしく読書への関心を駆り立てるゲームです。学生自身が興味のある本を紹介しあうので、気軽に参加することができます。また友人からの紹介は、その本に興味を持ちやすく、何よりも楽しいのです。学生の感想からは、自分がまず体験し楽しさを実感してから、子どもたちに体験させることが大切だということがよくわかります。

　コミュニケーションゲームという観点からも学校での導入が期待されます。これに関する感想も挙げてみます。

「この本を魅力的だと感じる○さんが魅力的だと思いました」
「感想を共有できたのがよかった」
「学級開きに使える」

　こんなことを書いた学生もいました。

「ビブリオバトルをした後、うれしいことがありました。ビブリオバトルをしたときに同じグループになった子が後日話しかけてくれて、私が紹介した『ぼくのメジャースプーン』を買いました！、と言ってくれたのです。自分の大好きな本を紹介したことが、聞いていた人に伝わった事が嬉しくてたまりませんでした。本という存在は、人と人との心をつなぎ、対話を生むものであるということを身をもって実感しました」

　ビブリオバトルでよりコミュニケーションが図れると思うのは、やはり「本」が間に入っているからではないかとも思います。本には必ず著者がいて、話し手と聞き手のコミュニケーションの間にもう一人介在しているという感じです。その１冊の本がかかえる重量感がコミュニケーションの土台にあり、楽しいながらも軽薄なものにはなりません。

また、時間が限られていることで、会が終わってもまだまだ話したい思いも残ります。ワークショップ後、いつまでもその場を立ち去らないのもよく見る光景です。

　ビブリバトルの可能性について感じていることも書いておきます。
　まず学校内に温かい民主的な場が広がるということです。平等な時間が一人ひとりに与えられ、みんなの発言を重んじ、グダグダになっても許される、このような時間はあまり学校内ではなかったと思うのです。遊びながら、日常的に知的な会話ができるようになればいいなあと思います。最近アクティブ・ラーニングという言葉もよく聞かれますが、主体的・協働的な学びという意味では、まさしくビブリオバトルはアクティブ・ラーニングです。
　また、学校外でも、地域の図書館や書店のビブリバトル大会開催が増えています。私も時々参加していますが、まさに老若男女、いろんな人が集まって、いろんな本が紹介されて楽しいです。若者の参加も増えていますし、中高校生大会という形での催しもあります。学校以外で若者の姿を見ることが少ない中、とてもいい光景だなと思いながら観戦したりしています。
　若者からは、大人の読書の話は新鮮だったという声を聞き、一般市民の方からは、若者がこんなに真面目に本を読んでいるとは知らなかったなどとの声を聞きます。実際に触れ合う中で互いを知り合う、このような形で、社会でのコミュニケーションが広がっていくというのも、ビブリオバトルの大きな魅力・可能性だと思っています。学校で楽しさを知った子どもたちは、社会の中でもつながろうとするのではないでしょうか。

　最後に学生の感想を一遍。

> 「ビブリオバトルを行って、他者に本を紹介することを楽しいと感じた。それまでは「本は自分の世界を広げるもの」というイメージで、他者の本の紹介を聞いても、あまり読む気にもならなかった。しかし本の紹介にも自分の想いをこめたとき、そして相手の想いを聞いたとき、とても楽しいと思えたし、相手の本にもすごく興味がわいた。この感じを子どもたちにも伝えてみたいと思う」

　現場にいると、いろいろな困難や問題の方に気を取られることが増えてきます。もちろん問題解決は大切なのですが、教員志望の学生たちの感想のようにビブリオバトルの原点に返り、楽しむところから始めたいものです。学生たちが教員になるのが楽しみです。

コラム ソロモン諸島でビブリオバトル！

青年海外協力隊員　益井博史

　私は現在、青年海外協力隊としてソロモン諸島イザベル州に派遣されています（2018年1月まで）。小・中学生の読書習慣向上を目指した活動をしており、その一つとしてビブリオバトルを行っています。

　書店が一つもないこと、熱帯の気候で本の保存状態がよくないことなど、読書習慣を広げるには難しい環境です。さらに日本の読書推進活動ではあまり取り上げられないこととして、リテラシーの問題もあります。ソロモンではふだん地域ごとの現地語や共通語としてピジン語を使っていますが、図書館の本は基本的に英語です。そのため、子どもが本を手に取っても文章の意味がわからず、絵本の絵だけを見て楽しむことが多いのです。

　そんな状況の中、図書館で始めたビブリオバトル（これまで6度開催）ですが、驚くことに毎回多くの子どもが発表者に名乗りを上げてくれています。発表といっても文章を指でたどりながら読むだけという状態ですが、それでも回を重ねるごとに絵を見せる工夫をしたり、内容に踏みこんだ質問をする子が出てきたりして、その成長に驚かされます。また同僚の図書館スタッフによると、子どもたちの中に「物語を理解しよう」という意識が生まれているのが大きな変化なのだそうです。

　はたしてビブリオバトルはソロモンの読書事情を変えることができるのか？　私自身、これからを楽しみにしています！

第5章
座談会「ビブリオバトルを学校で」

座談会メンバー

須藤秀紹（室蘭工業大学しくみ情報系領域准教授）
岡野裕行（皇學館大学文学部国文学科准教授）
小野永貴（千葉大学アカデミック・リンク・センター特任助教
　　　　　元・お茶の水女子大学附属高等学校教諭）
高見京子（東京学芸大学非常勤講師／全国SLA学校図書館スーパーバイザー）
司会／粕谷亮美（ライター）　写真／堀切リエ（編集部）

■**学校現場の現状とビブリオバトル**

司会：本日は、本書の実践について話し合うために、監修の須藤さんをはじめ、岡野さん、小野さん、高見さんにお集まりいただきました。まずは自己紹介をお願いします。

須藤：室蘭工業大学大学院の須藤です。ビブリオバトル普及委員会理事であり、北海道地区担当です。「ビブリオバトル北海道」という組織をつくって北海道地区で普及活動をしています。今回は「教育の現場の先生方がビブリオバトルに挑戦するとき役に立つ本をつくろう」ということで監修をさせていただきました。

岡野：皇學館大学の岡野です。現在は、ビブリオバトル普及委員会前代表の谷口忠大氏にかわって代表を務め、東海地区の代表も担当しています。大学の授業でビブリオバトルを導入したことがきっかけで、学生たちのビブリオバトルサークル「ビブロフィリア」という活動が立ち上がり、その学生メンバーを中心として三重県内でビブリオバトルの普及活動を行っています。

小野：千葉大学アカデミック・リンク・センターの小野です。アカデミック・リンク・センターというのは大学図書館に隣接した研究開発組織で、私はそこの教員として学習環境の向上や学習支援、情報リテラシー育成や学習行動の分析などの仕事をしています。ビブリオバトルに出会ったのは大学時代で、学園祭での恒例イベントとして企画しました。その後、前職のお茶の水女子大学附属高校の情報科の教諭となり、本書にもその授業実践を執筆しました。ビブリオバトル普及委員会関東地区普及委員としても活動しています。

高見：私は３年前まで岡山県の高校で国語の教員をしていました。司書教諭でもあり、学校図書館にも携わっていました。退職後、上京して東京学芸大学や武蔵野大学の講師を務めたり、全国ＳＬＡ学校図書館協議会のスーパーバイザーをしております。またビブリオバトル普及委員でもあり、学生にビブリオバトルを体験させたり、県や市の教育委員会に呼ばれてビブリオバトルワークショップなどをしております。今回は、教員志望の大学生たちについて書かせていただきました。

司会：ビブリオバトルについては、今年度（平成28年度）の中学校教科書の何冊かに掲載されており、学校現場から今、注目されています。2007年にビブリオバトルを考案した谷口忠大さん（現・立命館大学准教授）が説かれている４つの機能（良書探索・書籍情報共有・スピーチ能力向上・コミュニティ開発）は、まさに読書推進やコミュニケーション・表現力の向上などの視点で、授業に導入されている先生も多いかと思います。北海道地区の小・中・高等学校でビブリオバトル講座を行われている須藤さんより、その現状をお聞かせいただけますでしょうか。

須藤：小学校に関しては、全国各地で先生方がビブリオバトルを利用してさまざまな取り組みをされている報告もありますし、研究授業などで取り上げている先生もたくさんいらっしゃいます。ところが、各学校間の横の連携が少なく、学校での実践に関して先生方が同じ悩みを抱えているように思います。それぞれに実践をされているというのが現在の状況ではないでしょうか。また、それらの現場で実践されている先生方と、私たちビブリオバトル普及委員の活動の接点も少なく、そこでの交流や情報交換がまだ十分にできていないと思われます。

　中学生は年代的に難しいこともあるよう

で、中学校現場では試行錯誤されて取り組まれているようです。また小・中学校だと、ビブリオバトルを既存の単元に入れることに、先生方は苦労されているようです。

　高校になると、ビブリオバトルに関する取り組みで、いろいろな展開が見えてきています。小・中と比較して若干単元の自由度が高くなることもあり、本書の実践でも紹介されたように、部活動とリンクさせたり、プロジェクト学習と関連づけたりすることができるようです。高大連携の動きもあることから、高校の先生方は大学の関係者が多く参加しているビブリオバトル普及委員会との連携が比較的とれているように思います。

須藤秀紹氏

■**小学校でのビブリオバトル**
司会：学校でのビブリオバトルいうことで、小学校・中学校・高校と相互に関わりのあることも出てくるとは思いますが、順を追って小学校の取り組みからご意見・ご感想を伺いたいと思います。
高見：学校でビブリオバトルを行う際には、さまざまな制約が生じるわけですが、全体的に「これならできそう」「楽しそうに取り組んでいる」という雰囲気が伝わってくる実践がとりあげられています。細かい学習計画や評価方法にも触れてあるので、これから取り組まれる先生方には大変に参考になるのではないでしょうか。また、それぞれの実践が、豊かな読書活動の中にビブリオバトルが位置づけられているところがよかったです。
岡野：小学校の場合は、学年での差が大きいですよね。本書には、1年生、3年生、6年生の実践が紹介されましたが、発達段階に合わせてどうアレンジしていくのか課題でしょう。最初に先生がやってみせるということも

多く、導入時に先生方が工夫を重ねて取り組んでいるようすが見られます。また「こうすればうまくいきますよ」だけではなく、失敗事例を率直に書いていただいたことも参考になりますね。
小野：どれもとても面白い実践例でしたが、とくに小学校が面白く思いました。というのも、「ビブリオバトルは気軽に楽しめる、誰にでもできるゲーム」といわれていますが、一方で「ビブリオバトルはとても高度な知的ゲームだ」と私は思っています。これを円滑に行って満足感を得るためには、前提となるスキルや基礎的な能力が必要であり、小学生でそこに到達するのはけっこう難しいと思うのです。ところが、現場の先生方はとても上手に実践していらっしゃる。それがなぜなのかと考えると、岡野さんもおっしゃるように、発達段階を考慮して取り組んでいるからではないでしょうか。
須藤：私もみなさんと同じところに注目しました。発達段階の差が大きいことを踏まえて、それぞれの実践で苦労されたことが丁寧

岡野裕行氏

に書かれています。ただ発達段階に合わせて改良をしなければいけないところもあるけれども、ビブリオバトルをするにあたって変えてはいけないこともあります。ルールを変えて失敗した事例も紹介されていますが、仕切り直して実践したら成功したこともきちんと紹介されていて、とても参考になります。

小野：発達段階は考慮に入れなくてはならないのですが、須藤さんの「理科教育のためのビブリオバトル」（p.40）という実践で、「ちょっと背伸びした感覚でビブリオバトルを行う」とあります。これに私も賛成です。教育現場では「〇年生には難しいのではないか」とよく言われますが、必要以上に子どもの能力を低く見積もらなくてよいと思うのです。少し背伸びをするくらいの環境を与えたり、あえて難しいことに挑戦させてステップアップをねらったりすることも、また発達段階を踏まえた指導の心構えではないでしょうか。

司会：1年生の実践は長野先生の「絵本でビブリオバトル」（p.16）ですが、低学年のビブリオバトルとして絵本を扱うことについてはいかがでしょうか？

高見：絵本は、文字があまり読めない小学校低学年にわかりやすいのでよいと思います。

岡野：先ほどの小野さんの話にでましたが、「2年生にできたのだから、1年生もできるだろう」というコメントはいいですね。先生が生徒を信頼して取り組み、みなで楽しんでいる姿が伝わってきました。これは絵本を題材にしたからこそですよね。

須藤：ビブリオバトルは本を紹介するとなっているので、文章の少ない絵本はどうかと思われる方もいるようですが、絵本や写真集でビブリオバトルをするのはまったく問題ありません。とくに、絵本の場合は絵からのイメージで自分が感じたこと、理解したことを話さなければならないので、自分自身の言葉を引き出すという作用があります。それが低学年には難しいところだとも思いますが、長野先生の実践は子どもの表現力をうまく引き出すような工夫をされていると感じました。

岡野：絵本だけではなく、ビブリオバトルの仕組みとして「自分の考えを言葉に変換させていく」という機能があります。須藤さんのおっしゃるとおり、普通の本だと文字で認識するわけだけれども、絵本は絵から自分の考えを読み取り、言語化していく、文字化していくわけです。そういう意味では絵本はとても面白い題材ではないでしょうか。

小野：高校生でも絵本でビブリオバトルをした生徒がいました。本の内容のほかに、幼い頃にどうやってその本に出会い、自分がどういう体験をしたか、また作者のことなども調べてものすごく熱く語っていました。とてもよかったですよ。

岡野：絵本の実体験としては、自分で読む前

に、親や保育士さん、図書館の司書さんなどに読んでもらった記憶もあり、そのことも読書体験として重要ではないでしょうか。

須藤：絵本ではないのですが、先日、ある大会で高校生が詩集を取り上げました。たぶん詩も絵本と似ているところがあって、文章量が少なく、ただ読むならすぐ終わってしまうけれども、その生徒は、自分のそれまでの体験と照らしあわせて感じたことを話しました。また、子どもの頃に読んだ絵本を、成長してから読み直すと、そのギャップに気づくこともあり、そういう意味でも、小学生の頃に絵本でビブリオバトルをするのはいい体験になると思います。

■発表時間についての考察

司会：本来のビブリオバトルは5分で発表しますが、小学生だとまだ難しいということで、3分で発表するミニ・ビブリオバトルがあります。しかし、1年生ではミニ・ビブリオバトルでも難しかったようですね。

須藤：小学校低学年だから3分の発表が難しいというわけではなく、高校生でも3分間話せない生徒はたくさんいるのです。それは、何を語るべきかということがわかっていないからなのですね。私が小・中学校へ行ってビブリオバトル講座をするときには、「ふだん、昨日見たテレビの話とか、好きな音楽の話を友だちとするでしょう？ そのとき、こんなに面白かったんだという気持ちを伝えるのに、3分では足りないよね。そんなふうに話してごらん」と言うのです。そうすると子どもたちはけっこう話せます。ですから、何を話すべきなのかを知るのが肝心だと思います。

岡野：麻生先生の6年生の実践に、黒板の写真が載っていますね（本文p.36参照）。発表するために、「この本の魅力は？」、「伝えるためにはなにが必要？」と、子どもたちから意見を出させています。ビブリオバトルのコンセプトとして、「本を通して人を知る 人を通して本を知る」がありますが、ここでは「本について」と「自分について」という大きな項目を2つ挙げて、何を話すべきなのか、自分たちで考えて出させたところがいいです。

小野：高校生でも同じです。なかなか突然話すことはできなくて、何を話題にできるのかを授業内で考えてもらいます。そこで私はインターネット上にたくさん投稿されている、ビブリオバトルのYou Tube動画を見せました。たとえば高校生大会でチャンプ本をとった人の動画を見て、「なぜこの人はチャンプ本をとることができたのか」と考えると、単にあらすじを語っているだけではないことがわかります。何本かそのような動画を見ていくと、いろいろな観点から何を語ればよいのかが必然的にわかってくるのです。

高見：最終的には公式ルールに定められている時間を目指すにしても、長野先生のように、段階的に2分からはじめることも問題はないのではないでしょうか。

須藤：小学校低学年では1分の発表をスタートとして、3分を目指し、最終的には5分の発表を目指すという実践をしている学校もあって、根気よく段階的に実践・指導されている先生の方が最終的によい結果を出されているケースが多いようです。

たとえばスポーツにしても、いきなり「ルール通りに試合をしよう」といってもなかなかできるものではありません。野球にしても最初は三角ベースでやったりするわけでしょ

う。でも最終的にはルール通りの野球ができるように目指す。ビブリオバトルも同じで、ルール至上主義でそれ以外は禁止だとすると、どうやって練習をするのかということになります。発表時間が1分や2分の場合は、「ビブリオバトルの練習」だと位置づければいいのではないでしょうか。

小野：たしかに、それで「ビブリオバトルをやりました」と言ってしまったら違うと思いますが、発表時間を短くするのは段階的指導としてはいいですね。また逆の考え方もあって、ちょっと難しくても5分の発表を何度も行って、時間の感覚を身に付けていくことも重要ではないでしょうか。小学生では難しいかもしれませんけれども、5分話して「やった！」と終わるのではなく、さらに何度もくり返して、話し過ぎたらダメなことも経験し、5分ぴったりの感覚を体得していくことも大切だと思います。

■ワークシートと練習について

司会：今、練習という言葉が出ましたが、小学校ではよくビブリオバトルのワークシートを生徒に作成させるとか、練習をさせるということを耳にします。本書でもワークシートの紹介などがありますが、それについてはいかがでしょうか？

小野：今、お話にでましたように、小学生にかぎらず、中・高校生でもビブリオバトルを突然行うのが難しいときには、段階的な取り組みが必要になります。けれど、「ビブリオバトルをうまく行うための指導」のためのワークシートを作成したり、発表の練習を強要したり、一番よくないのが発表するための原稿を書かせることですが、読み上げるための原稿をつくってしまったら、もはやビブリオバトルではありません。

須藤：本書の中にもワークシートの作成が何例か報告されていますが、3分間もしくは5分間の発表ができないという生徒たちへの配慮として、多くの先生がワークシートを導入されています。私も、発表をするためのツールとしてワークシート（p.47）をつくっています。でもこのワークシートは工夫してあり、読み上げ原稿にならないように、あえて箇条書きで書かせたり、要素別に書いてもらい、そのまま読んでもストーリーにはならないようにしています。また、中学校の中村先生の実践で紹介されたマインドマップ（p.70）のようにあえて絵で描くなど、あくまで読み上げのための原稿にならない工夫が必要でしょうね。

小野：私も書式を工夫することによって、棒読み原稿にならないようにすることが重要だと思います。その工夫が本書には紹介されていますね。名古屋大の飯島さんの「子ども司書のビブリオバトル体験」では、ブラッシュアップワーク（p.50）が提案されています。発表すべきことを箇条書きにして付せんに書き出し、そのあと2人組でお互いに本を紹介しあう。そこまではビブリオバトルでなく、先ほどお話に出たような練習ですよね。それぞれのベースをレベルアップしたうえで、ビブリオバトルをする段階になるというのはとてもいいのではないでしょうか。

　私自身もプリントをつくりましたが、それは評価のためではなくて、発表をする前に本人の気づきや本人の脳内を整理するためのツールなのです。そして発表が終わったあとに次回への改善点などを考え、メモしておけます。自分がビブリオバトルをしてどうだったかを次回のために残しておくのです。この

ような目的のワークシートだったらよいと思います。ただ、評価のためのレポートに近づいていくかは、紙一重のところもありますが……。

須藤：「絵本でビブリオバトル」の長野先生の実践でも、話すための道具として付せんをつかっていますよね。生徒たちが話し続けるための準備のために用意しています。小野さんも言われたように、目的がはっきりしているワークシートである必要があります。そして、ワークシート自体を評価対象にしないことです。私はワークシートを説明するときに、「これは君たちのメモだから、これに点数はつけないし、チェックもしません。自分たちがわかるように書けばいいからね」と伝えています。

スピーチコンテストやプレゼンテーションは、原稿を一言一句まちがわないように暗記し、綿密に練習やリハーサルをして、成功させることがミッションです。しかし、ビブリオバトルの目的はそれとは違います。ですからワークシートを使った練習も、緊張しすぎて自分が言いたいことを忘れてしまわないようにシミュレーションするためのものです。

小野：練習を強要することはビブリオバトルの目的と合わないのです。けれど、「練習することやレジュメを覚えるのは禁止」と決める必要もありません。生徒が自主的に練習してがんばることを妨がなくていいでしょう。

一方で、ぶっつけ本番でやった結果、時間が足りなかったとか、不自然な表現をしてしまったとか、そういうふり返りを蓄積することが、結果的にブラッシュアップになることもあります。そういう意味で、私のつくったワークシートは、ふり返りを多くできるようにしています。次回のために練習をしなくて

小野永貴氏

もいいけど、前回の反省点は活かせるといいよね、という姿勢です。

須藤：本書の中の学習計画に出てくるのは広い意味での練習であり、いわゆる「声を出して音読する」という、せまい意味の練習ではないでしょう。ビブリオバトルは弁論大会に似ているけれども、そもそもの目的が違うので、ファシリテーターとなる先生がしっかりと目的をおさえたうえで、ワークシートをつくり、広い意味での練習を促していただければいいのだと思います。

■評価はどうすればよいのか

司会：ビブリオバトルの評価をどうすればいいのかということも、学校での課題だと思いますが、これについてはいかがでしょう？

高見：評価は、ねらいや目的と関連します。「5分間語ろう」というのが目的であれば、アドリブであろうが何であろうが、「5分間がんばって話せたね」という評価ができる。「自分の思いを伝える」とか「人の話を聞くことができる」のが目的ならば、それが評価規準になります。ビブリオバトルはチャンプ本を

とることが目的ではないので、チャンプ本をとったことが評価につながるということはないのです。そこは確認しておきたいです。

須藤：到達目標があっての評価ですから、まったくその通りですね。でもゲームという性質上、チャンプ本をとった人の評価が高くなると、誤解されやすいですよね。

高見：本書ではそれぞれの先生のねらいがあり、その目標にそって評価することが具体的に書いてあるので、参考になるでしょう。

須藤：長野先生も書かれていましたが（p.23）、ビブリオバトルの評価は「観察」が中心になってくると思うのです。「どういう態度でのぞんだか」「どのようにほかの人とコミュニケーションをとろうとしたか」など、生徒の態度を観察することです。そのなかの一つとして、「5分間という時間を意識しているか」ということも重要だと思うのです。ビブリオバトルは多くの場合、時計を見てアドリブで時間を調整しながら話すわけです。それは一つのスキルだと思うので、それを意識して話しているかどうかも、一つの評価規準になり得るのではないでしょうか。

小野：そうですね。原稿をつくって5分間ピッタリ話す能力と、ビブリオバトルはまったく別のものです。ライブ感をもって話すのだけれども、時間におさめなくてはならない。まさしくそれは教員が日常的にやっていることです。教員は、授業の半分くらいで時計を見て「残りの半分でこれぐらい話せる」と、リアルタイムに調整しながら授業をすすめています。生徒が同じような経験を積める題材は、今までなかなか学校ではなかったように思います。時間を意識しながら話すことを評価の一つとするのはいいと思います。しかし、結果よりもその姿勢があるかどうかがよい評価題材になるでしょう。

■ビブリオバトルと読書指導

司会：小学校へ呼ばれてビブリオバトルの講座に行きますと、「どういう本を読ませたらいいのか」、「本を読まない子はどうすればいいのか」、「本を読まないからビブリオバトルができない」という相談をされることも多いのですが……。

小野：須藤さんが書かれた理科教育（p.40）のところに、必ずしも好きな本を紹介する子どもばかりではなく、「授業だからしかたなく数ページ流し読みをしただけの本を紹介していると思われる子どもたちが少なからず見受けられる」とあります。そして、これは本来望ましいことではないけれど完全に否定するものでもない、とありましたね。これには、「なるほど」と思いました。そういう子が、ビブリオバトルをやったことで自己をふり返ったり、他のページも読もうと思うかもしれません。すぐにマイナスの評価をするのではなくて、ビブリオバトルをすることが図書や文献へふれるきっかけになるかもしれない、と考えると、もっと長いスパンでみてもよいのではないでしょうか。

高見：学校でのビブリオバトルは、評論家や先生、大人からではなくて、友だちが本を紹介します。友だちが大好きな本をすすめてくれたら、「わぁ、面白そう……」と思って、読もうかなという気持ちになるのではないでしょうか。本を読もうと思うきっかけにもなりますから、そこにも可能性を感じます。

岡野：ビブリオバトルをすることがゴールではなくて、ビブリオバトルがスタートであり、そこから読書につながっていくわけですよね。ですから、最初から多くを求めすぎな

いほうがいいと思います。

須藤：中学校の提案で「ビブリオバトルで考える道徳を」（p.95）にもありましたが、ビブリオバトルは一種のツールではないでしょうか。学ばせたい一つのカリキュラムがあって、そのなかにうまくビブリオバトルを入れるといいと思います。ですから、ビブリオバトルそのものが評価されるのではなくて、それをやったことによってどう成長したのかというところを評価すべきでしょうね。

小野：私もビブリオバトルを授業でつかうときは、教材という言葉をつかわずに、あくまで「題材」という言葉をつかいます。つまりツールという意識であり、ビブリオバトルを教えるのではないわけです。題材であるビブリオバトルを通して、生徒がどう変わったかをみていく。学習指導案としては授業一コマ単位での評価の観点を書かなくてはならない場合もあると思いますが、実際にそれを単体で成績をつけることは少ないでしょう。単元全体の最終目標までに至るなかでどうだったのかをみていきます。長いスパンで評価を考えていただけるといいですね。

■ **中学校でのビブリオバトル**

司会：では、次に中学校の実践についてご意見・ご感想をお願いします。

小野：私の印象では、「アクティブ・ラーニング」や「クリティカル・シンキング」（p.57, p.66）という言葉が目についたりして、ビブリオバトル導入の文脈が高度化している印象をうけました。一方で、教科書に掲載されるということで、ルールを厳格にして行われそうなイメージがある中で、本書掲載の実践では、生徒自身が発展的な意識を持つきざしも見えました。

たとえば、「英語でビブリオバトルに挑戦」（p.91）の最後にある、「この平和的、建設的な空気感こそ、これからの時代、あらゆる場所で必要になると思う」という生徒のコメントがすばらしく、印象に残りました。中学生が、ビブリオバトルから平和で建設的な空気感を感じ、共有しようとしています。それに自分から気づけたことがまたすばらしいです。

高見：国語だけでなく、英語や道徳などいろいろな教科で導入されているのもいいですね。図書委員会など特別活動の中では評価とは関わりがなくてできるので、そういうところで行う可能性もたくさんあります。

司会：今回掲載できなかったのですが、中野区立第五中学校では、生徒が主体でビブリオバトルを昼休みにはじめ、最初にはじめた生徒はもう卒業したにも関わらず、現在も続いているようです。昼休みの短い時間なのに、先生だけでなく保護者まで観戦しにきているそうです。

須藤：中学生が主催するというのは、すばらしいですね。この本でも紹介したかった事例です。

さて、はじめに「中学生が一番難しい世代ではないか」と言いましたが、本書でも学校内での実践ではかなり苦労されているところが見られます。思春期まっただ中の中学生のメンタル的課題にどうあたるかに、先生方は関心があると思うのですが、そういう事例が複数あげられ、中学生ならではの特徴的な実践例になっています。

岡野：授業として成り立たせるのと、生徒たちに楽しんでもらうこととの匙かげんが難しいですね。

私は、中村先生の特別支援学級の実践にあ

る「評価カード」(p.73)が面白いと思いました。ビブリオバトルの仕組みとしても、「批判はしない」、「なるべく肯定的な言葉でコメントを出す」という補足のルールがあります。肯定的な言葉を入れた評価カードを用意することによって、ビブリオバトルの空間に否定的な言葉を持ちこませないような仕組みをつくっています。

須藤：特別支援学級では「では、やりましょう」と言って、すぐにできない場合もあるでしょう。ビブリオバトルとしての本来のよさを消さずに、誰でもアプローチできるようにする工夫の一つの例として、中村先生の実践は参考になると思いました。また、自分の気持ちをカードで伝えることも自己表現の実践の一つであり、それがビブリオバトルの中にうまく取りこまれています。こういう実践は、自己表現活動との関わりにおいてとても有効だと思いました。

司会：私は「全校生徒にビブリオバトル」の森先生の実践を実際に拝見し、発表している生徒がいるにも関わらず、他の人が話し始めて、発表が成り立たないのを目の当たりにしました。そこで、4章の「卒論でビブリオバトルに取り組む」(p.121)の片桐さんの、学年をシャッフルさせる提案を思い出し、森先生に提案させていただきました。周囲が発表を聞くことができないということに対してはいかがでしょう。

高見：それまで集団に入りづらかった生徒たちも、ビブリオバトルで自分が思ったことを発表し、みんなに聞いてもらえる経験をきっかけに、集団に入っていけたという報告もあります。クラス内でビブリオバトルをするときには、自分がどう見られているのかということをとても意識しているでしょうから、学年をシャッフルするのはなかなかよい取り組みだと思います。

須藤：高校生でも、自分が発表する番なのに、隣の子と雑談してしまうケースもありました。生徒たちはあらたまって人前で話すという経験があまりないので、気恥ずかしいのではないでしょうか。ある程度、ＴＰＯを意識してふるまうことを学んでいけば段々できるようになっていくと思います。

小野：発表時に静かに聞くことを目標にするのであったら、あえて机をワークショップ型にしないで、発表者が前に立つかたちにしたらどうでしょうか。聴衆と対面する雰囲気をつくり、きちんと発表できるスペースをコーディネートする。意識的に空間をデザインする工夫があってもいいでしょう。反対に、小学6年生の麻生先生による、1つの机をみんなで囲むようしてビブリオバトルをする実践がありました（p.38）が、あえてコンパクトに集わせて全員が話せる雰囲気をつくることも、導入としてはいい試みだと思います。空間というのはコミュニケーションの質を左右しますから、授業の意図や生徒の状況に応じて設計する努力は必要かと思います。

須藤：当初、ビブリオバトルのルールの中に「ビデオ撮影を推奨する」というのがありましたが、それにも一定の効果があります。つまりビデオで撮影することによって、そのときは発表者が主役の時間だという「場」をつくるわけです。そうすると雑談にはなりにくいし、話す人も「自分が発表する番なんだ」という意識を持ちます。

小野：「ビブリオバトルはみんなで楽しくやるというものなのに、なぜ静かにしなくてはいけないの」と、ある意味、矛盾していることでもあるわけです。楽しくやりましょうと

言っているのに、静かにさせることを強制させる。その理由を明確に説明できないと、生徒はとても理不尽に感じるでしょう。ビデオを撮るということは、ビデオにノイズが入らないようにする必要があり、静かに聞くという理由にもつながります。当初ビデオ撮影を推奨していたのは、その場にいなかった人にもその本のよさを伝えられるからでした。つまり再共有の効果があるのです。そのためにもいい映像が残っていたら、その場にいない誰かに円滑に伝えられるわけで、コミュニケーションの意義をもとに静かにすることを説得できます。

須藤：「英語でビブリオバトルに挑戦」では、他校との交流（p.93）もありました。学年シャッフルもそうですが、普段とは違う人間関係のなかで話すと、ある意味緊張を伴うので、皆も静かになりやすいです。

岡野：中学でも評価の仕方については先生方の苦労を感じました。審査用紙などもつくられていますが、数値化していますよね。もともとビブリオバトルは読みたい本を主観的に決めるはずなのですが、このあたりの評価方法などはみなさん、苦労されているようですね。

司会：「受験期の生徒と」の花田先生は、あえて生徒にポイントをつけさせる（p.87）という実践をされています。

須藤：私はこの実践の評価の仕方について花田先生に確認をしたのですが、これは成績のためのポイントつけではなく、あくまでこれもゲーミフィケーションというか、つまり聞くことにもゲーム性を取り入れましょうという仕掛けなのです。

小野：評価というと、生徒の成績に対する評価と混同されてしまうこともありますから、

高見京子氏

そこを勘違いしないようにしなくてはなりませんね。ある意味、生徒同士の相互評価・認め合うという評価でもあり、それを成績に使わないという前提であれば、生徒のやる気も引き出せるし、面白いと思います。

■高校でのビブリオバトル

司会：では、高校の実践についてはいかがでしょうか。

岡野：教育現場に持ちこむとどうしてもかたい部分が出てきてしまいがちですが、高校の実践にも本来のビブリオバトルに求められている「ゆるさ」や「遊び」の要素が感じられてよかったです。とくに「ビブリオバトルのイベントを企画しよう！」という、渡辺先生のイノ研（p.106）の取り組みは面白かったです。また、「卒論でビブリオバトルに取り組む」の片桐さんのレポート（p.121）でも、「遊びを大事にしよう」というメッセージがあっていいですね。

高見：今後、センター試験がなくなり、自分の言葉で解答するような方向の試験に変わっていくなかで、「アクティブ・ラーニング」

や「クリティカル・シンキング」が学校現場に取り上げられていくと思います。ビブリオバトル自体が非常にアクティブ・ラーニングの要素があり、いろいろな情報を集めて発信することにつながります。そういう意味でも、小野さんの「情報科の実習にビブリオバトルを」(p.111)はとても面白かったです。情報科は、情報化時代の現在には重要な教科ですから。

須藤：情報リテラシーというものを学ばせるためのツールとして、ビブリオバトルをとてもうまく導入されていますよね。仕かけづくりも含めて、すばらしい取り組みだと思いながら読みました。

小野：ありがとうございます。高見さんから大学入試が変わるというお話がありましたが、今までアクティブ・ラーニングというと大学が取り入れるイメージが強いものでした。しかし、次期学習指導要領改訂に向けた文部科学大臣の諮問にもこの単語が明記され、高校だけでなく小・中学校にもアクティブ・ラーニングの流れがおりてくることが明らかになっています。

これまでは教員主導でディスカッションやプレゼンテーションを行わせる学校が多かったと思いますが、それだけでは本来目指すべきである、生徒自身により能動的な学習をさせることに至らない場合もあり、新たな展開が求められていると考えられます。その顕著な例が、スーパーグローバルハイスクールの指定や国際バカロレアの認定による課題発見・解決学習の増加、新型ＡＯ入試などの大学入試改革などにあらわれています。このような高校教育の潮流のなかで、生徒が自分自身の得意分野を生かして自ら学ぶ能力をどこで身につけるのかと考えたときに、ビブリオバトルはピッタリな題材なのです。

私の情報科の実践は、教員から場をつくる提案型でしたが、生徒がゼロからビブリオバトルの場をつくっているイノ研の実践は画期的だと思いますし、まさにアクティブ・ラーニングの目指すところだと思います。用意された場に参加するだけでなく、自分たちが楽しく快適に学べる場自体を自ら設計することは、能動的学習の重要なプロセスです。

司会：木下さんの「クラス開きでビブリオバトル」(p.100)も面白い実践ですよね。高校だけではなく小・中学校などでも、クラス替え時の交流のためにビブリオバトルをするのはいいのではないでしょうか。

須藤：本を通して、その人の人柄や趣味などを表現できますから、いろいろな中学から集まってきた高校生が緊張をほぐすためにビブリオバトルをするのはとても効果的です。大学でも４月は新入学生が全国各地から不安な気持ちで集まってきますから、まさしくそういうときにビブリオバトルをするのはいいと思います。

小野：考案者の谷口さんが提唱されている、ビブリオバトルの４つの機能の１つである「コミュニティ形成機能」が生かされる場面ですよね。日本人は自分のことを堂々と話すのは苦手なところがあります。自己ＰＲがうまくできないなかで「私はこの本のこういうところが好きだ。つまり私はこれが好きだ」と、間に本を介在させて自分の意志を代弁させることで、見知らぬ相手にも自分をＰＲしやすいわけです。

須藤：「私はこうだ」とは言いにくいけれども、「この本にこう書いてある」ということは言いやすいですから。間接的に自己主張をして

いるわけですが、「私がこう思う」ではなくて「ここに書いてある」という主張のしかたができるのです。それは自己表現、自己開示がやりやすい一つの仕かけでもあります。そこに介在するものが比較的普遍性があり、価値観を共有しやすい「本」だということも、「クラス開きにビブリオバトル」をするのに向いているのではないでしょうか。

■教員志望の大学生にも…
司会：2010年より大学生による大規模なビブリオバトル大会も開催されていますが、これから学校現場にいく教員志望の大学生の体験談（p.125）を高見さんには書いていただきました。
小野：読書はとても個人的なものであり、孤独の孤に読書で「孤読」ともいわれてきました。でも高見さんの原稿の最後に「それまでは人に本を紹介されてもあまり読む気にならなかったのが、ビブリオバトルをしてからは変わった」という学生の感想がありましたよね。近頃は、大学でも「共読」などが謳われたり、大学の研究室などでは１つの文献をみんなで読んで内容を議論する「輪読」というものもあります。また、自分たちの研究に必要な資料は何かを考えて学び、それを用いてどうやって学びをすすめていったらよいのかを決めることも重要な経験ですが、高校までの生活の中でそのようなことを行う機会は意外と少ないのです。そういう意味でも、大学生がビブリオバトルを体験することは、意義あることだと思います。
司会：ビブリオバトルも大学の研究室で自分たちの研究書を探すために誕生したものですから、まさにそれと重なりますよね。執筆された高見さんから一言、お願いします。

高見：学生は夢をもって学んでいます。教員志望の学生はとくに真面目で、子ども好きな学生が多く、理想も高いのです。それが、「学級開きにつかえる」とか「大学生ですら楽しいと思えたので、小・中学生はとても盛り上がるはず！」というビブリオバトルの感想によく表れているのではないでしょうか。教員志望の学生には教職課程のカリキュラムのなかのツールとしてビブリオバトルが入るといいでしょうね。
司会：学校で行う前提として「先生たちがまずビブリオバトルをやってみる」ことをビブリオバトル普及委員会では勧めていますが、職場やそれ以外の場所で先生方がまず楽しんでいただきたいです。
須藤：生徒たちに見せるのだけではなくて、先生方だけで楽しんでいる状況が重要ですよね。でも、「ビブリオバトルで負けちゃいけない」と思っている先生もいたりして（笑）。
司会：先生や司書の方などはチャンプ本がとれなかったらどうしようと思って、やらない方もいらっしゃいます……。
須藤：私は「先生は負けてください」といつも言っているんですけど。
小野：埼玉県の高校で実践している先生から伺ったのですが、生徒にやらせる前に教員がやっているところを見せたいけれども、その年度は担当が自分１人だけだったので、全校生徒の前でプロジェクターで大きくスクリーンに全国大会のビブリオバトルの発表者の動画を映して、そのチャンプ本をとった動画とその先生がその場で対決したそうです。教員１人でもそういうデモができたわけですが、先生は見事に負けたとか（笑）。
岡野：シャドーボクシングみたいですが、面白い試みですね。

須藤：広い体育館だと後ろのほうは見えにくいから、発表される先生も同じ条件としてスクリーンに映してやればいいわけですね。バーチャル対戦などもすると面白いかもしれません。

■「本を通して人を知る」の2つの意味

司会：では最後に、ビブリオバトル普及委員会代表の岡野さんにまとめていただけますでしょうか。

岡野：本書の中にも何回か出てきましたが、学校現場でのビブリオバトルのキーワードとして「ほめる」とか「ほめあう」ことがあり、ビブリオバトルの特徴としてもそれを再確認しました。口頭でそれを伝えるだけでなく、特別支援学級のカードの例もありましたが、そういう仕組みを予め用意しておくことができる方法も生まれてきています。

ビブリオバトルは自分が面白いと思ったことを他人に投げかけることで、聞いている他人がその本に興味を持ってくれたり、自分に対して興味を示したりするわけですが、他人のために感想を言い合うという仕組みが大事であり、言葉にしてほめあうことで、友だちのよいところを見つける姿勢で交流するという態度が習慣化できる可能性があると認識しました。もともとビブリオバトルには「ディスカッションのときには否定的なことを言わない」というルールの補足がありますが、ビブリオバトルを通して自分がこんなふうに人をほめる言葉が出せるんだということを経験し、自分にとっても前向きな言葉を見付けるきっかけにもなるのではないでしょうか。

また、「人を通して本を知る　本を通して人を知る」というビブリオバトルのキャッチコピーがありますが、「本を通して人を知る」という文言について、本書を読んで少し解釈が変わりました。今までは「他人の発表を聞いてその人のことを知る」と受けとめていたのですが、発表を聞いたあとに、聞いている人からいろいろな感想をもらって、自分の発表がどうだったかということをふり返ることができます。とくに教育現場だとその感想や反省点などを共有できるし、本書にもそういう事例もありましたが、自分自身を知る言葉がそこから得られるのだな、と。「自分はこういうことを言える人間なんだ」ということに生徒たちが気づける仕組みもあるわけです。「人を知る」というのが他人だけではなくて自分自身を知るというニュアンスも含まれることを本書から再発見しました。

ビブリオバトルは「この本が好きだ」ということを誰かに伝えることができて、それを聞いてくれる人がいるというゲームです。さまざまな学校現場の実践例を読んで、発達段階を問わず、改めて可能性の多い仕組みだと思いました。

また、今まではビブリオバトルの普及活動は一部の人の特別な活動として捉えられていた部分もありましたが、今年度、中学校の教科書に掲載されていることもあり、これからはビブリオバトルが教育現場も含めて日常的な活動に、より色濃くでてくると思うのです。本書でもたくさんの実践事例を掲載しましたが、これを参考にしていただき、教育現場の先生にはぜひいろいろなところで楽しい実践を試みていただきたいと思います。

司会：あらためて学校でのビブリオバトルに可能性を感じられる座談会でした。本日はありがとうございました。

おわりに

　小・中・高の学校現場でのビブリオバトルへの認知はここ数年で「名前を聞いたことがある教員がいる」という状況から「多くの教員が名前を聞いたことがあり、中には学校での実施を考えている人もいる」という状況へと変わってきました。しかしその一方で「実際に学校でやってみた」という方はまだそれほどは多くはないようです。「具体的にどのように導入すればよいかがわからない」「授業に導入するとして面倒な問題が起こらないか不安」「児童（生徒）が5分間も話せるだろうか」など、導入に二の足を踏んでいる理由はいろいろあると思います。本書は、そんな先生方の背中を少し押すことができたのではないでしょうか。

　今回選ばせていただいた事例は、その設計思想や教育に対する考え方に魅力があり、読者が独自の指導案をつくるときに参考になると考えたものです。本書の「はじめに」で岡野氏も語っていますが、それぞれの事例はあくまで成功例の一つであり、これらがそのまま全ての学校にとって最適な実施方法になるわけではありません。児童・生徒の特性やいろいろな制約、事情によって工夫する必要があります。それぞれの事例の根底に流れる教育哲学を読み取り、ご自分の活動の参考にしていただけるとうれしく思います。

　座談会では、事例の中では十分に説明しきれなかった点や、事例を参考にする際に注意が必要な点について述べさせていただきました。こちらも合わせて参照してください。今回の座談会で印象的だったのは、ビブリオバトル普及委員会のメンバーと現場の先生方が、教育現場で実践するにあたっての考え方について共通の認識をもっていることがわかったことでした。これまで、発表原稿作成の強要やその添削指導といった「教育現場でのビブリオバトルの押しつけ」がクローズアップされ、「ビブリオバトル嫌いな子どもを増やしてしまうのでは」と心配する声が聞かれていました。しかし実際にはこのような例は一部であり、実際には多くの先生方がそのルールの意義をしっかりと理解して取り組んでいることがわかり、たのもしく感じました。

　教育現場へのビブリオバトル導入の試みはまだ発展途上であり、大きな可能性をもっていると考えています。本書で紹介した事例を参考にした新たな試みが生まれることによって、発展してゆくことを願っています。また本書で紹介した事例は編者らが把握しているものの一部であり、ここに収録したもの以外にも参考にすべき実践が数多くあると考えています。本書で紹介しきれなかった新しい試みにチャレンジされている方や魅力的な実践例をご存知の方がおられましたら、ご一報いただけるとうれしく思います。

　本書が学校へのビブリオバトルの導入の手助けになり、子どもたちの精神的な成長に寄与することを願います。

ビブリオバトル普及委員会理事
須藤秀紹

▼監修（編著）

| 須藤　秀紹 | （室蘭工業大学しくみ情報系領域准教授） |
| 粕谷　亮美 | （ライター） |

▼執筆（掲載順）

岡野　裕行	（皇學館大学文学部国文学科准教授）
長野加奈恵	（北海道室蘭市立旭ヶ丘小学校教諭）
大久保洋子	（北海道小樽市立緑小学校教諭）
麻生　崇子	（東京都武蔵野市立第一小学校教諭）
飯島　玲生	（名古屋大学リーディング大学院推進機構本部特任助教）
佐伯　郁代	（北海道岩見沢市立明成中学校教諭）
金子　智里	（北海道岩見沢市立上幌向中学校教諭）
中村　誠子	（東京都多摩市立永山中学校学校図書館司書）
森　美智子	（東京都江戸川区立松江第四中学校校長）
花田　麗	（北海道札幌市立琴似小学校教諭）
前田　由紀	（渋谷教育学園渋谷中学高等学校司書教諭）
工藤　朝博	（北海道士別市立多寄中学校校長）
木下　通子	（埼玉県立春日部女子高校主任司書）
渡辺　祥介	（学校法人創成学園札幌創成高等学校教諭）
小野　永貴	（千葉大学アカデミック・リンク・センター特任助教）
片桐　陽	（立命館大学スポーツ健康科学部）
高見　京子	（東京学芸大学非常勤講師／全国SLA学校図書館スーパーバイザー）
益井　博史	（青年海外協力隊員）

カバー・本文デザイン●シマダチカコ
イラスト●YAYOI

読書とコミュニケーション
ビブリオバトル実践集　小学校・中学校・高校

2016年6月23日　第1刷印刷
2016年6月23日　第1刷発行

編　者●須藤秀紹・粕谷亮美
発行者●奥川　隆
発行所●子どもの未来社
　　　　〒113-0033
　　　　東京都文京区本郷 3-26-1 本郷宮田ビル 4F
　　　　TEL：03-3830-0027　FAX：03-3830-0028
　　　　振替　00150-1-553485
　　　　E-mail：co-mirai@f8.dion.ne.jp
　　　　HP：http://www.ab.auone-net.jp/~co-mirai
印刷・製本●中央精版印刷株式会社

© Suto Hidetsugu, Kasuya Ryomi　2016　　Printed in Japan
ISBN978-4-86412-110-1　C0037

■定価はカバーに表示してあります。落丁・乱丁の際は送料弊社負担でお取り替えいたします。
■本書の全部、または一部の無断での複写（コピー）・複製・転訳、および磁気または光記録媒体への入力等を禁じます。複写等を希望される場合は、小社著作権管理部にご連絡ください。